RICHTIG KOMMUNIZIEREN

ROBERT HELLER

DORLING KINDERSLEY

DORLING KINDERSLEY

Projektbetreuung Marian Broderick,
Nicky Thompson
Bildbetreuung Elaine C. Monaghan
Gestaltung Simon J. M. Oon, Adam Powers
DTP-Design Jason Little
Herstellung Silvia La Greca,
Michelle Thomas

Reihenbetreuung Jane Simmonds
Reihenbildbetreuung Jayne Jones

Cheflektorat Stephanie Jackson
Chefbildlektorat Nigel Duffield

Die Deutsche Bibliothek – CIP-Einheitsaufnahme

Ein Titeldatensatz für diese Publikation ist bei
Der Deutschen Bibliothek erhältlich.

Titel der englischen Originalausgabe:
Communicate Clearly

Übersetzung Erwin Peters, Helmut Reuter und
Wolfgang Rhiel für Redaktionsbüro
Dr. Karl-Heinz Ludwig, München
Redaktion Brigitte Maier, Text & Konzept, München
Satz Wolfgang Lehner, München

ISBN 3-8310-0344-0

Printed in Hong Kong by Wing King Tong

Besuchen Sie uns im Internet
www.dk.com

INHALT

4 EINLEITUNG

GRUNDLAGEN ERLERNEN

6 BESSERE KOMMUNIKATION ANSTREBEN

10 KÖRPERSPRACHE VERSTEHEN

12 GEBÄRDEN VERSTEHEN UND EINSETZEN

14 ZUHÖREN LERNEN

18 FRAGEN STELLEN

20 EFFIZIENT LESEN

22 NOTIZEN MACHEN

INFORMATIONEN AUSTAUSCHEN

24 KONTAKT HERSTELLEN

26 INFORMATION WEITERLEITEN

28 DAS TELEFON NUTZEN

30 INFORMATIONSTECHNOLOGIE NUTZEN

32 BRIEFE SCHREIBEN

WIE PROFIS KOMMUNIZIEREN

34 ERFOLGREICHES BRIEFING

36 EINZELGESPRÄCHE FÜHREN

38 KONFERENZEN ERFOLGREICH LEITEN

40 BEIM PUBLIKUM ANKOMMEN

44 VERKAUFSKOMMUNIKATION

46 ERFOLGREICH VERHANDELN

48 BERICHTE ERSTELLEN

50 VORSCHLÄGE ENTWERFEN

52 DER OPTISCHE EINDRUCK

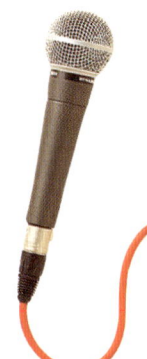

WIRKUNG NACH AUSSEN

54 CORPORATE IDENTITY

56 PUBLIC RELATIONS

60 ERFOLGREICH WERBEN

62 INTERNE KOMMUNIKATION

64 WIE IHRE BOTSCHAFT ANKOMMT

66 TESTEN SIE IHRE KOMMUNIKATION

70 REGISTER

72 DANK

EINLEITUNG

Die Kunst der richtigen Kommunikation ist eine entscheidende Voraussetzung für den erfolgreichen Manager. Ob Sie bei Präsentationen selbstsicher auftreten oder unbefangen verhandeln wollen – dieses Buch wird Ihnen helfen, Ihre kommunikativen Fähigkeiten zu verbessern. Von der Bedeutung der Körpersprache bis hin zum Schreiben von Berichten und Angeboten – alle wesentlichen Aspekte der geschäftlichen Kommunikation werden hier klar und deutlich erklärt. Dazu gehören auch praktische Hinweise zum Einsatz von Public Relations, Werbung, Informationstechnologie und Medien. 101 eingestreute Kurztipps geben Ihnen weitere wichtige Informationen. Schließlich finden Sie hier einen Test, um selbst einschätzen zu können, wie gut Sie wirklich kommunizieren.

GRUNDLAGEN ERLERNEN

Jeder kommuniziert irgendwie, aber nur wenige Manager übermitteln ihre Botschaften optimal. Ein paar Grundregeln werden Ihnen helfen, klar mitzuteilen, was Sie vermitteln wollen.

BESSERE KOMMUNIKATION ANSTREBEN

Richtige Kommunikation ist der Lebensnerv jedes Unternehmens. Ob mündlich oder schriftlich – Kommunikation verfolgt immer das Ziel, Botschaften zu vermitteln. Kommunizieren Sie, um Information weiterzugeben und Beziehungen zu verbessern.

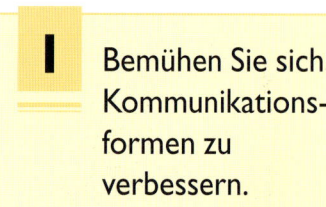

1 Bemühen Sie sich, Kommunikationsformen zu verbessern.

2 Gute Kommunikatoren sind meist auch wesentlich bessere Manager.

ERFOLGREICH SEIN

Erfolgreiche Kommunikation (und somit erfolgreiches Handeln) hängt davon ab, dass die Leute Sie richtig verstehen und so reagieren, dass es weitergeht – möglichst in der von Ihnen gewünschten Richtung. Kommunikation erfolgt stets nach zwei Seiten. Manager kommunizieren, um Dinge erledigt zu bekommen, Informationen zu geben und zu erhalten, Entscheidungen zu treffen, Verständnis zu finden und Beziehungen aufzubauen.

BARRIEREN ERKENNEN

An jeder Kommunikation sind immer mindestens zwei Parteien beteiligt, von denen jede unterschiedliche Wünsche, Bedürfnisse und Einstellungen haben kann. Diese Faktoren können sich als Barrieren erweisen, wenn sie denen der anderen Partei entgegenstehen. Sie können Sie daran hindern, die richtige Botschaft zu übermitteln oder zu erhalten. Erfolgreiche Kommunikation muss Barrieren überwinden. Der erste Schritt ist, sie zu erkennen.

▼ **POSITIV KOMMUNIZIEREN**

Der Abbau von Barrieren ist der erste Schritt zur erfolgreichen Kommunikation. Ständiger Augenkontakt, aufmerksames Zuhören und das Spiegeln der Körpersprache – all das hilft Ihnen, besser zu kommunizieren.

Blickkontakt signalisiert: Sie haben keine Angst vor dem Gespräch.

Leichte Neigung des Kopfes zeigt, dass Sie zuhören.

Barrieren werden abgebaut, indem Sie die Haltung des Gesprächspartners übernehmen.

Augenkontakt mit dem Gegenüber

KLARHEIT ERZIELEN

Die drei Grundregeln der richtigen Kommunikation haben alle mit Klarheit zu tun:
- Machen Sie sich selbst klar, was Sie kommunizieren wollen.
- Übermitteln Sie Ihre Botschaft kurz und bündig.
- Vergewissern Sie sich, ob Ihre Botschaft klar und korrekt verstanden wurde.

Richtig kommunizieren heißt, genau zu sagen, was Sie meinen – und jede Reaktion zu verstehen.

3 Seien Sie offen, wenn Sie Barrieren im Gespräch überwinden wollen.

DIE WAHL DER MITTEL

Wenn Sie eine Botschaft übermitteln wollen, sollten Sie zunächst einmal gründlich über das richtige Medium nachdenken. Oft geht es dabei um die Wahl zwischen dem gesprochenen und dem geschriebenen Wort. Wenn Sie sich für das schnelle und bequeme Verfahren entscheiden, werden Sie wohl das Gespräch als beste Kommunikationsform wählen. Oder Sie bevorzugen eine bleibende und ordentliche Form – z. B. ein schriftliches Dokument, das eine durchdachte Antwort verlangt.

Elektronische Medien bieten viele neue Möglichkeiten: So haben E-Mails das Tempo und die Zwanglosigkeit eines Telefonats, können aber wie Briefe abgelegt werden. Das Ziel der Mitteilung gibt vor, für welche Methode man sich entscheidet. Überdenken Sie zuerst die Mitteilung, danach wählen Sie die beste Methode zur Übermittlung.

KULTURELLE UNTERSCHIEDE

Kommunikationsformen sind so unterschiedlich wie nationale Speisekarten. Japanern und anderen Asiaten fällt es leichter als Europäern, zu schweigen. Nordeuropäer sind weniger redselig als Südeuropäer und zurückhaltender in den Gebärden. Engländer sagen nicht gern, was sie denken, während Australier andere leicht aus der Fassung bringen, weil sie ihre Meinung klar zum Ausdruck bringen. Amerikaner verwenden oft Schlagwörter und bildhafte Ausdrücke.

METHODEN KOMBINIEREN

Kommunikationsmethoden lassen sich in fünf Hauptgruppen gliedern: das geschriebene Wort, das gesprochene (und gehörte) Wort, die Gebärde, das Anschauungsmaterial und eine Kombination aller anderen. Obwohl die vier erstgenannten Methoden an sich recht gut funktionieren, wissen wir heute, dass die kombinierte Anwendung von zwei oder mehr verschiedenen Methoden das Interesse, das Verständnis und das Erinnerungsvermögen steigert.

Zu den Beispielen des kombinierten Verfahrens gehört das Kommunizieren über elektronische Medien und Technologie, wie Multimedia und Videokonferenz. Multimedia verstärkt die visuellen Elemente und wird immer beliebter, wenn Kommunikation mit vielen Personen notwendig ist, vor allem in großen Unternehmen.

4 Achten Sie darauf, dass Medium und Botschaft einander entsprechen.

5 Gestalten Sie Ihre Kommunikation möglichst anschaulich.

WAHL DER KOMMUNIKATIONSMETHODEN

ART DER KOMMUNIKATION	BEISPIELE	ZWECKMÄSSIGKEIT
 **SCHRIFTFORM** In allen Sprachen und Medien fällt dem geschriebenen Wort eine wesentliche Bedeutung für Botschaften zu.	Briefe, Memos, Berichte, Angebote, Anmerkungen, Verträge, Zusammenfassungen, Tagesordnungen, Vorschriften, Protokolle, Pläne, Gesprächs- und Konferenznotizen.	Das geschriebene Wort ist die Grundlage der organisatorischen Kommunikation und wird benutzt, weil es relativ beständig und wiederholt zugänglich ist.
DAS GESPROCHENE WORT Verbale Kommunikation ist nur dann erfolgreich, wenn die Richtigen sie hören. 	Gespräche, Interviews, Konferenzen, Telefongespräche, Debatten, Anfragen, Nachfragen, Mitteilungen, Vorträge.	Das Gespräch, persönlich oder telefonisch, hat den Vorteil, direkt zu sein. Das gesprochene Wort ist das Hauptkommunikationsmittel im Alltag einer Firma.
 **GEBÄRDEN** Jedes positive oder negative Körpersignal, das der andere sehen oder wahrnehmen kann.	Gesten, Mimik, Auftreten, Handlungen, Klang der Stimme, Schweigen, Körperhaltung, Bewegung, Blickkontakt, Unbeweglichkeit, An- oder Abwesenheit.	Auftreten und Körpersprache beeinflussen stark, aber unbewusst – mit dem Einsatz positiver oder negativer Signale kann man hervorragend manipulieren.
VISUELLES MATERIAL Bilder, die eine Zielgruppe wahrnehmen kann. 	Fotos (Dias und Abzüge), Bilder, Zeichnungen, Illustrationen, Grafiken, Comics, Charts, Videos, Logos, Film, Kritzeleien, Collagen, Farbschemata.	Anschauungsmaterial hat den Vorteil, Botschaften bewusst und unbewusst sehr intensiv zu vermitteln.
 **MULTIMEDIA** Kombination der oben genannten Methoden, oft unter Anwendung von Informationstechnologie (IT).	Fernsehen, Zeitungen, Zeitschriften, Prospekte, Broschüren, Flugblätter, Plakate, Internet, Intranet, World Wide Web, Video, Radio, Kassetten, CD-ROMs.	Medien sind besonders zweckmäßig, wenn mehrere sie gemeinsam nutzen. Je professioneller multimediale Mittel angewandt werden, desto effektiver sind sie.

KÖRPERSPRACHE VERSTEHEN

Ihre Körpersprache – eine große Zahl unbewusster physischer Bewegungen – kann die Kommunikation unterstützen oder ruinieren. Selbst wenn Sie ganz still sitzen, machen Sie unter Umständen eine deutliche Aussage über Ihre wirklichen Gefühle.

> **6** Halten Sie einen Meter Abstand, wenn Sie neben jemandem stehen.

MIT DEM KÖRPER ▼ KOMMUNIZIEREN

Ihre Haltung ist bei der Körpersprache sehr wichtig. Bei einer ersten Begegnung würden diese drei Haltungen ganz unterschiedliche Eindrücke erwecken. Die positive kann das Ergebnis günstig beeinflussen, weil sie zum Gespräch ermutigt, während die negative die Kommunikation erschwert.

KÖRPERSPRACHE INTERPRETIEREN

Körpersprache funktioniert subtil und durch ein ganzes Bündel von Signalen. Deshalb lässt sie sich nur schwer interpretieren. Dennoch hilft ein allgemeines Verständnis, die Meinung des anderen zu begreifen. Wenn jemand sich nicht wohl fühlt, weil er lügt, kann ihn seine Körpersprache verraten.

Offene Körperhaltung zeigt Vertrauen.

Offener Blick und Lächeln zeigen Aufmerksamkeit.

Offener Blick zeigt Aufmerksamkeit.

Hände auf Hüften signalisieren Entschlossenheit und Führungsbereitschaft.

Lockere Arm- und Beinhaltung zeigt mangelnde Spannung.

POSITIV

NEUTRAL

Indirekter Blick ist ausweichend.

Wer sich so hängen lässt, zeigt wenig Selbstvertrauen.

An den Ohren zupfen zeigt Zweifel.

Abgewandter Körper bedeutet, dass man ablehnt, was der andere sagt.

NEGATIV

NERVEN BEHALTEN

Das Lampenfieber, das man vor einer Rede oder vor einem Gespräch fühlt, ist ganz natürlich. Gehirn und Nervensystem bereiten sich vor, und die Nervosität ist zum Teil darauf zurückzuführen, dass Adrenalin ins Blut gepumpt wird. Ein bewusster Einsatz der Körpersprache hilft Ihnen, selbstsicherer zu erscheinen, als Sie sind: Bemühen Sie sich zu lächeln und die Arme zu entspannen. Schauen Sie den Leuten in die Augen, wenn Sie mit ihnen reden, stehen Sie bequem aufrecht und fuchteln Sie nicht mit den Händen herum.

KULTURELLE UNTERSCHIEDE

Engländer und Amerikaner haben gern mehr Freiraum um sich herum als andere Nationalitäten. Sie gehen eher etwas zurück, wenn sie das Gefühl haben, ein anderer dringt in ihren Raum ein. Leute vom Land stehen oft weiter auseinander als Städter.

7 Atmen Sie bewusst langsam und tief, wenn Sie sich angespannt fühlen.

ABSTAND WAHREN

Das Einhalten eines akzeptablen Abstands zwischen Personen ist ein Teil der Körpersprache, und dieser Abstand ändert sich je nach der Situation. So stehen die Gäste einer privaten Veranstaltung näher beieinander als Fremde, die gar nichts miteinander zu tun haben. Achten Sie darauf, den persönlichen Raum des anderen zu respektieren.

DER ERSTE EINDRUCK

Die ersten fünf Sekunden jeder ersten Begegnung sind in vielen Fällen wichtiger als die nächsten fünf Minuten. Es lohnt sich also, auf Einzelheiten zu achten. Kleiden Sie sich gepflegt und angemessen, bleiben Sie dabei eher konservativ. Selbst wenn zwanglose Kleidung erwünscht ist, sollten Kleidung und Schuhe in tadellosem Zustand sein. Ehe Sie zu einem Termin gehen, prüfen Sie Ihr Aussehen im Spiegel und vergewissern Sie sich, dass Ihre Frisur ordentlich ist.

EINDRUCK MACHEN ▶
Gepflegtes Aussehen und Haltung machen immer Eindruck. Diese Dame sieht nach ein paar kleinen Korrekturen viel selbstsicherer und gewinnender aus.

Gepflegte Frisur

Zerzauste Haare

Aufrechte Haltung

Zerknittertes T-Shirt

Ordentlich zugeknöpfte Jacke

Polierte Schuhe

Schlechte Haltung

Schmutzige Schuhe

UNORDENTLICH　　　**GEPFLEGT**

GEBÄRDEN VERSTEHEN UND EINSETZEN

Gebärden sind zusammen mit der übrigen nichtverbalen Kommunikation, wie Haltung und Gesichtsausdruck, ein wesentlicher Bestandteil der Körpersprache. Wenn Sie wissen, wie Sie Gesten wirkungsvoll einsetzen können, hilft Ihnen das beim Übermitteln Ihrer Botschaft.

8 Wenn Sie nicht wissen, wie Sie im Ausland wirken, fragen Sie nach.

9 Überprüfen Sie, ob Sie nicht unabsichtlich unfreundlich wirken.

KULTURELLE UNTERSCHIEDE

Die nichtverbale Sprache der Gebärden ist von Land zu Land verschieden. Das amerikanische Zeichen für »O.K.« mit Daumen und Zeigefinger kann z. B. einen Dänen beleidigen. Händeschütteln ist nicht überall üblich. Mit dem Finger zu deuten gilt in China als unverschämt. Unser Kopfschütteln für »Nein« verstehen Inder als »Ja«, und eine Umarmung in der Öffentlichkeit ist in Singapur ungehörig.

GEBÄRDEN ERKENNEN

Alle routinierten Redner verwenden Gesten, um Inhalte zu betonen. So machte John F. Kennedy gern eine Klopfbewegung, während Hitler oft die Fäuste schüttelte. Mit der Faust auf die offene Handfläche zu schlagen, den Zeigefinger zu heben oder die Hände zu spreizen, all das kann die Wirkung Ihrer Worte verstärken. Aber denken Sie daran, dass übertriebene Gebärden Leute befremden können. Wenn Sie schon auf den Tisch schlagen, sollten Sie damit Ihre Worte nicht übertönen.

Einzelne Gebärden lassen sich zu komplexen Mustern kombinieren. Wenn ein Kollege in einer Diskussion die Finger am Kinn oder an der Wange hält, kann das bedeuten, dass er Sie taxiert. Wenn Sie wissen wollen, ob seine Bewertung positiv oder negativ ist, müssen Sie auch weitere Zeichen beachten, z. B. ob seine Beine abwehrend gekreuzt oder Kopf und Kinn angriffslustig gesenkt sind.

10 Üben Sie verschiedene Gebärden vor dem Spiegel und prüfen Sie, ob sie natürlich wirken.

KÖRPERSIGNALE AUSSENDEN

Unterstützende Gebärden, wie Augenkontakt und Nicken, sorgen für Gleichklang – außer wenn Ihr Gesprächspartner spürt, dass Sie Ihre wahren Gefühle verbergen. Jeder kann seine Körpersprache bis zu einem gewissen Maß, aber nicht ganz beherrschen. Wählen Sie Ihre Worte sorgfältig und seien Sie möglichst ehrlich, sonst könnte Ihre Körpersprache im Widerspruch zu Ihren Worten stehen.

Gesten verleihen Nachdruck.

Hand am Kinn zeigt Taxieren.

Gehobene Augenbrauen sind ein Zeichen für Interesse.

▲ **POSITIV ZUHÖREN**
Positives Zuhören erkennt man an der leichten Neigung des Kopfes mit freundlichem Augenkontakt.

▲ **AUFMERKSAMKEIT**
Augenkontakt und vorgeneigter Oberkörper zeigen Bereitschaft, den Sprecher zu unterstützen.

▲ **INHALT BETONEN**
Eine Geste ist eine Möglichkeit, Ihre Aussage zu unterstützen und ihr Bedeutung zu geben.

Indirekter Blick verstärkt den Eindruck der Unsicherheit.

Wer die Arme um den Körper schlingt, will Bestätigung.

Gerunzelte Augenbrauen zeigen Zweifel an.

▲ **UNSICHERHEIT ZEIGEN**
Bleistiftknabbern ist ein Rückfall in Kindverhalten und weist auf mangelndes Selbstvertrauen hin.

▲ **BESTÄTIGUNG SUCHEN**
Eine Hand am Hals, die andere um die Taille – das zeigt den Wunsch nach Sicherheit.

▲ **KONFLIKT-WAHRNEHMUNG**
Geschlossene Augen und der Griff an die Nasenwurzel offenbaren Verwirrung und Widerspruch.

ZUHÖREN LERNEN

Die Wechselwirkung der Kommunikation wird allzu oft übersehen. Damit beide Seiten einander verstehen, ist die Technik des Zuhörens entscheidend. Wie Sie zuhören, nimmt der Partner wahr, und positives Zuhören trägt zum Erfolg des Gesprächs bei.

 11 Stellen Sie präzise Fragen – nur so bekommen Sie die richtige Antwort.

AUFMERKSAMKEIT ZEIGEN

Sind Sie auf der Suche nach Information, nach Konsens oder einem gut funktionierenden Verhältnis, so zeigen Sie auch, dass Sie aufmerksam zuhören. Zeigen Sie im Gespräch, dass Sie nicht dominieren wollen. Stellen Sie offene Fragen, die zur Diskussion führen. Wiederholen Sie Schlüsselbegriffe im Stillen, damit Sie sich leichter an das Gesagte erinnern.

 12 Nutzen Sie Stille bewusst als Mittel, unsichere Sprecher zu ermutigen.

AKTIVES ZUHÖREN BEWUSST EINSETZEN

ART DES ZUHÖRENS

EINFÜHLEND
Den Sprecher aus seiner Reserve locken und in unterstützender, hilfreicher Weise Information bekommen.

ANALYSIEREND
Konkrete Information ausfiltern und versuchen, Tatsachen und Emotionen voneinander zu trennen.

VERBINDEND
Das Gespräch bewusst und zielstrebig auf ein (gemeinsames) Ziel hinlenken.

METHODEN IN DIE PRAXIS UMSETZEN

Versetzen Sie sich in die Lage des anderen und versuchen Sie zu verstehen, was er denkt. Lassen Sie ihn sich ungezwungen fühlen – eventuell indem Sie auf seine emotionale Situation eingehen. Achten Sie genau darauf, was er sagt, reden Sie nur wenig und ermutigen Sie ihn durch Nicken und mit Worten.

Stellen Sie analytische Fragen, um den Hintergrund der Aussagen des Sprechers zu erfahren, vor allem wenn Sie eine Reihe von Fakten oder Gedanken verstehen sollen. Fragen Sie wohldurchdacht, so dass Sie den Antworten Hinweise entnehmen können. Verwenden Sie die Antworten dazu, Ihre nächsten Fragen zu formulieren.

Wenn Sie ein bestimmtes Ergebnis anstreben, machen Sie Statements, auf die andere mit Ideen reagieren können. Hören Sie zu und reagieren Sie so, dass klar wird, welche Ideen brauchbar sind und wie sie ausgeführt werden können. Als Alternative können Sie in Ihre nächste Frage eine andere Lösung einbauen.

- Der Sprecher bekommt Vertrauen, wenn Sie ihm aufmerksam zuhören.

- Was man Ihnen sagt, sollte als glaubwürdig gelten, solange sich nichts anderes herausstellt.

- Missverständnisse entstehen durch Wunschhören – man hört, was man hören möchte.

- Ständige Unterbrechungen können sehr störend sein, besonders für Menschen, denen es schwer fällt, ihre Gedanken darzulegen.

DIALOG INTERPRETIEREN

Nehmen Sie Aussagen wörtlich, ohne hintergründige Bedeutung hineinzuinterpretieren. Prüfen Sie, ob Sie richtig verstanden haben, indem Sie die Aussage neu formulieren und wiederholen. Dann zeigt sich, ob Sie einander verstanden haben. Im anderen Fall kann der Sprecher Sie korrigieren und seine Aussage klären. Aber achten Sie auch auf physische Signale, wie einen ausweichenden Blick, und auf zögernde Antworten, die Hinweise auf den Wahrheitsgehalt der Botschaft geben. Nehmen Sie nicht nur wahr, was Sie hören möchten.

NEUROLINGUISTISCHES PROGRAMMIEREN (NLP)

Eine Grundtheorie des Neurolinguistischen Programmierens (NLP) lautet, dass die Art und Weise des Sprechens zeigt, wie der Sprecher denkt. Denkmuster lassen sich durch die Wortwahl erkennen. Zu den Kategorien gehören die visuelle Weltsicht, die man an Sätzen wie »Ich sehe, was Sie meinen« erkennt, die akustische mit Sätzen wie »Das hört sich für mich richtig an« und die sinnliche Weltsicht (»Ich habe das Gefühl, dass...«). Durch aufmerksames Zuhören können Sie ein Gespräch durch »Spiegelung« harmonisieren, d. h. Sie antworten auf visuelle Sprachmuster visuell, auf akustische akustisch usw. Das hilft Ihnen, einen besseren »Draht« zu Ihrem Gegenüber zu bekommen. Hilfreich ist es auch, den anderen physisch zu »spiegeln«, d. h. ähnliche Körperhaltungen und Gebärden einzusetzen.

Locker gefaltete Hände

Direkter Augenkontakt

Lächeln mit geschlossenem Mund

Aufmerksame Haltung

▲ ZUHÖREN UND SPIEGELN

NLP-Techniken können eine Situation entspannen. Wenn Sie anderer Meinung sind als Ihr Gegenüber, so hören Sie ihm zunächst einmal aufmerksam zu. Verwenden Sie ähnliche Sprachmuster, Bilder und Worte. Sitzt er defensiv, können Sie zunächst seine Haltung spiegeln und sie allmählich in eine offene Körperhaltung verändern. In den meisten Fällen wird Ihr Gegenüber unbewusst Ihrem Beispiel folgen.

VORURTEILE ERKENNEN

Wenn Sie nur sehen oder hören, was Ihren Erwartungen entspricht, haben Sie möglicherweise eine starre Einstellung. Die meisten Menschen lassen sich unbewusst von ihren Vorurteilen beeinflussen. Wir übernehmen auch die Meinung anderer oft gedankenlos. Vorurteile verhindern die erfolgreiche Kommunikation: Wenn Sie Ihre eigenen Vorurteile erkennen, werden Sie ein besserer Zuhörer sein.

13 Denken Sie über die Worte nach, nicht über die Person, die sie sagt.

VORURTEILE ÜBERWINDEN

Persönliche Vorurteile lassen sich nur schwer ausrotten, weil sie eingewurzelt sind und ohne Rücksicht auf das Verhalten oder den Charakter anderer existieren. Ein häufiger Fehler ist die Annahme, dass Sie wissen, was der andere sagen will, und deshalb nicht zuhören, was er wirklich sagt. Aber Menschen verhalten sich nicht immer erwartungsgemäß. Hören Sie genau zu, was man Ihnen sagt. Lassen Sie sich nicht von Vorurteilen behindern.

BEGÜNSTIGUNGEN ▼ VERMEIDEN

In diesem Beispiel befragt ein Manager drei Mitarbeiter nach ihrer Meinung über eine Strategie. Über alle drei hat er persönliche Vorurteile. Wenn die Konferenz nun erfolgreich sein soll, muss er diese Vorurteile überwinden und allen gleichermaßen offen zuhören.

Manager hat diverse vorgefasste Meinungen.

Der offene Hemdkragen passt dem Manager nicht.

Die selbstsichere Frau zwingt den Manager in die Defensive.

Diese Kleidung entspricht der des Managers und findet Anklang.

PRÜFEN, OB SIE RICHTIG VERSTANDEN HABEN

Verwenden Sie Sätze wie diese, wenn Sie klären wollen, was gesagt wurde, oder wenn Sie meinen, dass Ihre eigene Aussage vielleicht missverstanden wurde. Versuchen Sie herauszubekommen, was Sie wissen müssen, und hören Sie genau auf die Antworten.

> *Ich fürchte, dass ich Sie nicht ganz verstanden habe. Würden Sie das bitte noch einmal wiederholen?*

> *Ich weiß, dass das nicht Ihr Sachgebiet ist, aber Ihre Meinung würde mich dennoch sehr interessieren.*

> *Ich habe mich vielleicht nicht klar ausgedrückt. Was ich eigentlich sagen wollte, war…*

AUF ANDERE REAGIEREN

Der erste Schritt einer Reaktion ist aufmerksames Zuhören. Wenn Sie während des Hinhörens eine Antwort vorbereiten oder darüber nachdenken, was Sie als Nächstes sagen, können Sie nicht aufmerksam zuhören. Umreißen Sie in Ihrer Antwort, was Sie bis jetzt verstanden haben. Wenn Sie eine Wiederholung, Erläuterung oder zusätzliche Information brauchen, dann bitten Sie darum.

14 Bleiben Sie aufgeschlossen für das, was andere sagen.

Zuhören ➤ **Reagieren** ➤ **Handeln**

ZUHÖREN UND HANDELN

In manchen Fällen steht die Information im Zentrum – wenn es z. B. darum geht, andere auf dem Laufenden zu halten. In anderen Situationen ist Handeln entscheidend – z. B. um Engpässe zu beheben. Sie dürfen niemals versprechen, etwas zu unternehmen, und das dann nicht tun. Ein klassisches Beispiel ist die Meinungsbefragung der Mitarbeiter, die immer Erwartungen weckt und Managementfehler beheben soll. Wenn Sie darauf nicht reagieren, heißt das, dass Sie nicht zugehört haben.

▲ **ZUERST ZUHÖREN**
Die drei Schritte der erfolgreichen Kommunikation: aufmerksam zuhören, reagieren (wenn erforderlich, um Erklärung bitten) und schließlich handeln.

15 Schreiben Sie Versprechen auf, um Missverständnisse zu vermeiden.

FRAGEN STELLEN

Die Art der Fragestellung ist wichtig für eine positive Kommunikation. Warum, was, wie und wann sind sehr starke Wörter. Stellen Sie diese W-Fragen möglichst oft, um die Antworten zu bekommen, die ein erfolgreiches Management braucht.

16 Fragen Sie gezielt, nur so bekommen Sie präzise Antworten.

17 Stellen Sie offene Fragen, um etwas vom anderen zu erfahren und ehrliche Antworten zu erhalten.

DIE KUNST DES FRAGENS

Die richtigen Fragen öffnen die Tür zum Verstehen. Die Kunst des Fragens besteht darin, zu wissen, welche Fragen man wann stellen muss. Die erste Frage richten Sie an sich selbst: Wenn Sie jede gewünschte Information bekommen könnten, was möchten Sie dann erfahren? Die Antwort wird Ihnen helfen, ganz schnell die richtigen Fragen zu finden. Erstellen Sie eine Liste der Punkte, die Sie wissen müssen. Im Verlauf des Gesprächs haken Sie die erledigten Fragen ab. Wenn sich neue Fragen ergeben, während die anderen reden, schreiben Sie sie auf, um sie später zu stellen.

DIE WAHL DER FRAGEN

Wenn Sie Fragen vorbereiten, überlegen Sie stets, welche Art der Frage Ihren Zielen am ehesten dient. Vielleicht wollen Sie eine Diskussion einleiten, spezielle Information bekommen, ein bestimmtes Ziel erreichen oder – verschleiert als Frage – einen Befehl erteilen. Sie sollten sich aber bewusst sein, dass vorbereitete Fragen meist nicht alles sind – die Antworten können unvollständig sein oder zu einem ganz neuen Fragenkomplex führen. Fragen Sie so lange weiter, bis die Antworten Sie zufrieden stellen. Wenn Sie vorbereitete Fragen stellen, dann beachten Sie die Hinweise in den Antworten, die Sie mit neuen Fragen weiterverfolgen können.

18 Schreiben Sie eine Liste mit Fragen vor einer Besprechung.

19 Keine Angst vor der Pause, wenn Sie die nächste Frage überdenken.

WELCHE FRAGE FÜR WELCHEN ZWECK

ART DER FRAGE	BEISPIELE
OFFEN Frage nötigt nicht zu einer speziellen Antwort, sondern leitet Diskussion ein.	F Was halten Sie davon, wenn die Firma eine Kantine für alle Mitarbeiter einrichtet? A Das erscheint mir aus mehreren Gründen sehr vernünftig.
GESCHLOSSEN Frage ist gezielt und muss mit Ja oder Nein oder mit konkreten Einzelheiten beantwortet werden.	F Lesen Sie eigentlich die Firmenzeitschrift oder interne Mitteilungen? A Nein.
FAKTENSUCHE Frage zielt darauf ab, Information über ein bestimmtes Thema zu bekommen.	F Welcher Prozentsatz der Mitarbeiter hat auf die Meinungsumfrage geantwortet? A Auf 2000 Fragebogen haben wir 1400 Antworten bekommen – also 70 Prozent.
NACHFASSEN Frage dient dazu, mehr Information zu bekommen oder eine Meinung zu entlocken.	F Ist das im Verhältnis zum letzten Mal eine gute Reaktion? A Der Durchschnitt liegt bei zwei Drittel, also weist das auf eine recht gute Einstellung hin.
FEEDBACK Die Frage zielt darauf ab, eine bestimmte Art der Information zu erhalten.	F Meinen Sie, dass sich die Kommunikation innerhalb der Firma verbessert hat? A Ja. Es erscheint mir sinnvoll, dass ich bei unseren neuen 14-tägigen Konferenzen mit meinem Chef reden kann.

DEN RICHTIGEN TON TREFFEN

Der Klang Ihrer Stimme ist ein wesentlicher Bestandteil der Kommunikation – z. B. vermittelt sich Zorn durch einen harten Ton oder Sympathie durch eine sanfte Sprachmelodie. Der falsche Ton kann negative Reaktionen hervorrufen, deshalb sollten Sie üben, den Klang Ihrer Stimme zu beherrschen. Gibt es darin eine unbeabsichtigte Schärfe? Ist sie zu verbindlich? Trainieren Sie, bis Ihnen der Klang Ihrer Stimme gefällt. Sie können Leute zur Zustimmung bewegen, indem Sie Ihrer Stimme einen optimistischen, zuversichtlichen Klang geben.

20 Sprechen Sie möglichst natürlich, um eine gute Atmosphäre zu schaffen.

EFFIZIENT LESEN

Je mehr Sie lesen und verstehen, desto besser sind Sie informiert. Sie können das Tempo und die Effizienz des Lesens durch Anwendung einfacher Techniken verbessern. Konzentration ist der Schlüssel zu allen Methoden, Information schneller aufzunehmen.

21 Verwenden Sie Assoziationen, um Ihr Gedächtnis zu verbessern.

22 Die Voraussetzungen zum Lesen – z. B. das Licht – sollten stimmen.

SCHNELLER LESEN

Die zwei üblichen Methoden zum Lesen und Verstehen eines Textes sind langsames Lesen und wiederholtes Lesen. Beide Methoden sind ineffizient. Langsames Lesen hat keinen Einfluss auf das Verstehen. Die zweite Methode – auch Rückgriff genannt – halbiert das Tempo, verbessert das Begreifen aber nur um 3 bis 7 Prozent. Wiederholen Sie nicht, und Ihr Lesetempo wird sich von 250–300 Wörtern pro Minute auf 450–500 Wörter steigern, ohne dass Sie weniger verstehen.

TEXTE ÜBERFLIEGEN

Wer Texte überfliegen kann, spart Zeit. Beim normalen Lesen bewegt sich der Blick zwischen Gruppen von Wörtern, wobei er kurz auf jeder Gruppe hängen bleibt. Um schneller zu lesen, vergrößern Sie diese Gruppen und beschleunigen Sie die Bewegung von der einen zur anderen. Ehe Sie ein Buch lesen, werfen Sie einen Blick auf Inhaltsverzeichnis, Einführung und Zusammenfassung. Danach können Sie entscheiden, was Sie lesen müssen und was nicht.

Bequeme Haltung fördert die Konzentration.

Buch liegt auf dem Tisch.

LESETEMPO BESCHLEUNIGEN ▶
Zum Üben sollten Sie in Zeitabschnitten von etwa 20 Minuten lesen. Lassen Sie sich nicht ablenken. Sitzen Sie in gerader Haltung bei guter Beleuchtung, legen Sie das Buch flach vor sich hin.

GEDÄCHTNIS VERBESSERN

Im Durchschnitt braucht man etwa sieben Stunden, um ein durchschnittliches Buch mit etwa 100 000 Wörtern zu lesen. Diese Zeit können Sie halbieren, wenn Sie den Text überfliegen. Mit Schnelllesemethoden können Sie Ihr Lesetempo bis zu 80 Prozent steigern, ohne weniger zu verstehen. Aber schnelleres Begreifen hilft Ihnen nicht, wenn Sie das Gelesene gleich wieder vergessen. Also müssen Sie Ihr Gedächtnis verbessern.

Nach ein paar Minuten erinnern Sie sich am deutlichsten, aber innerhalb von 24 Stunden gehen 80 Prozent verloren. Eine erfolgreiche Methode, aus Büchern zu lernen, ist die, eine Stunde lang zu lesen, dann ein Zehntel der Lesezeit zu warten (sechs Minuten) und das Gelernte zu durchdenken. Dann sollten Sie zehn Stunden warten, ehe Sie es noch einmal durchdenken und wiederholen.

NICHT VERGESSEN

- Die Fähigkeit, zu begreifen, wird im Allgemeinen überschätzt.
- Viel Information auf einen Blick vermitteln Grafiken und Charts.
- Schnelllesen kann man in Kursen oder aus Büchern lernen.
- Seiten sollten in der Mittelachse nach unten oder diagonal überflogen werden, um den Hauptinhalt schnell zu erkennen.
- Viel Zeit lässt sich sparen, wenn man Inhaltsverzeichnis, Einführung und Zusammenfassung ansieht, um zu prüfen, ob sich das Lesen überhaupt lohnt.
- Das Gedächtnis lässt sich verbessern, indem Sie Ihre Lernmethode ändern.

TESTEN SIE IHR VERSTÄNDNIS

Auf diesen Seiten stehen unter den Überschriften »Schneller lesen«, »Texte überfliegen« und »Gedächtnis verbessern« knapp 300 Wörter. Um zu prüfen, wie viel Sie aufgenommen haben, lesen Sie diese noch einmal, und beantworten Sie dann die nachfolgenden Fragen.

FRAGEN:

1. Was ist Rückgriff beim Lesen?
2. Wie groß ist Ihr Verständnisgewinn durch Rückgriff?
3. Was ist die durchschnittliche Lesegeschwindigkeit?
4. Welchen Zweck verfolgen Schnelllesemethoden?
5. Welche Lesegeschwindigkeit erreicht man beim Schnelllesen?
6. Was ist das Hauptresultat, wenn man alles zweimal liest?
7. Wie viel Ihrer Erinnerung geht innerhalb von 24 Stunden verloren?
8. Wie groß ist der Umfang eines durchschnittlichen Buches?
9. Wie lange dauert es, ein durchschnittliches Buch zu überfliegen?
10. Wann ist die Erinnerung am stärksten?

ANTWORTEN: 1. Noch einmal lesen. 2. Etwa 3–7 Prozent. 3. 250–300 Wörter pro Minute. 4. Das maximale Lesetempo bis zu 80 Prozent steigern, ohne weniger zu verstehen. 5. 450–500 Wörter pro Minute. 6. Zweimal lesen halbiert hauptsächlich die Lesegeschwindigkeit. 7. 80 Prozent. 8. Etwa 100 000 Wörter. 9. Etwa 3 1/2 Stunden. 10. Nach ein paar Minuten.

NOTIZEN MACHEN

Sie müssen sich nicht auf Ihr Gedächtnis verlassen, wenn Sie Methoden beherrschen, Gespräche zu notieren oder zusammenzufassen. Es gibt verschiedene Verfahren, Notizen zu machen. Verwenden Sie die, mit der Sie am besten klarkommen.

23 Lesen Sie Ihre Notizen, solange Sie noch alles im Gedächtnis haben.

24 Markieren Sie Stellen im Buch, um dann Notizen zu machen.

MITSCHREIBEN

Wenn Sie sich Notizen machen, während Leute sprechen, versuchen Sie nicht in Langschrift mitzuschreiben, denn dann verlieren Sie den Faden. Hören Sie lieber genau zu und schreiben Sie sich die Hauptpunkte auf. Fassen Sie jeden Punkt kurz, machen Sie Überschriften und nummerieren Sie die Punkte, damit es übersichtlich wird.

SCHNELLSCHRIFT

Sie können Unterricht in Kurzschrift und Schnellschrift nehmen, aber Sie können auch selbst üben, Ihr Schreibtempo zu verdoppeln. Lassen Sie z. B. alle Vokale weg, außer denen am Anfang eines Wortes, und alle Endsilben. Verwenden Sie Ziffern für Zahlen, ebenso übliche Abkürzungen, wie + für »und« oder = für »ist«. Für häufige Wörter machen Sie sich ein Abkürzungsverzeichnis, z. B. »v« für von/vom. Kürzen Sie ferner alle Wörter ab, deren Bedeutung logisch aus dem Text hervorgeht.

SCHNELLSCHRIFT ▶
Machen Sie die Notizen in kurzen Absätzen. Überprüfen Sie kurz danach, ob Ihnen auch alles klar ist.

Wort geht aus dem Kontext hervor. »Ntzn« heißt »Notizen« und nicht »Nutzen«.

In gl Ws wie Schnllschr d Tmpo bschlngt ind S Ntzn m Blstft odr Kgschrb mchn knn S ds auch m Comp od Schrbm mchn, wnn Ihn d bssr lgt.

Wnn S schnllschr, änd s d Frm d Wrtr drch Weglssn d Vok km + S vrfgn jtzt üb 1 1fchs + prktschs Sstm.

Slbst wnn S 1 gbtr Schnllschr snd, knn s vrnftg sn, ungewöhnl od schwierige Wrtr gnz auszschrbn. Auch wnn 1 Wrt in Schnllschr m 1 od. 2 and Wrtrn vrwchslt wrdn knnte, slltn S s ausschrbn.

Kurze Wörter wie »auch« können ausgeschrieben werden.

Wörter sind leicht verständlich, auch wenn sie ohne Vokale geschrieben werden.

Wörter, die nicht leicht abzukürzen oder schwer zu entziffern sind, können ausgeschrieben werden.

VERWENDEN VON MIND MAPS

Die von Tony Buzan erfundenen Mind Maps® sind ein Verfahren zur Anfertigung visueller Notizen. Um eine Mind Map anzufertigen, schreiben Sie einen Schlüsselbegriff oder zeichnen Sie ein Bild in die Mitte einer Seite. Das ist das Thema. Wenn Sie nun »Notizen« machen, zeichnen Sie von diesem Mittelpunkt aus »Äste«. Jeder Ast kann Zweige haben (eine Idee führt zur anderen), verschiedene Äste können verbunden sein. Verwenden Sie Farben und Bilder, so dass die Mind Map einprägsamer wird.

25 Mit Farben und Zeichnungen wird Ihre Mind Map ein Kunstwerk.

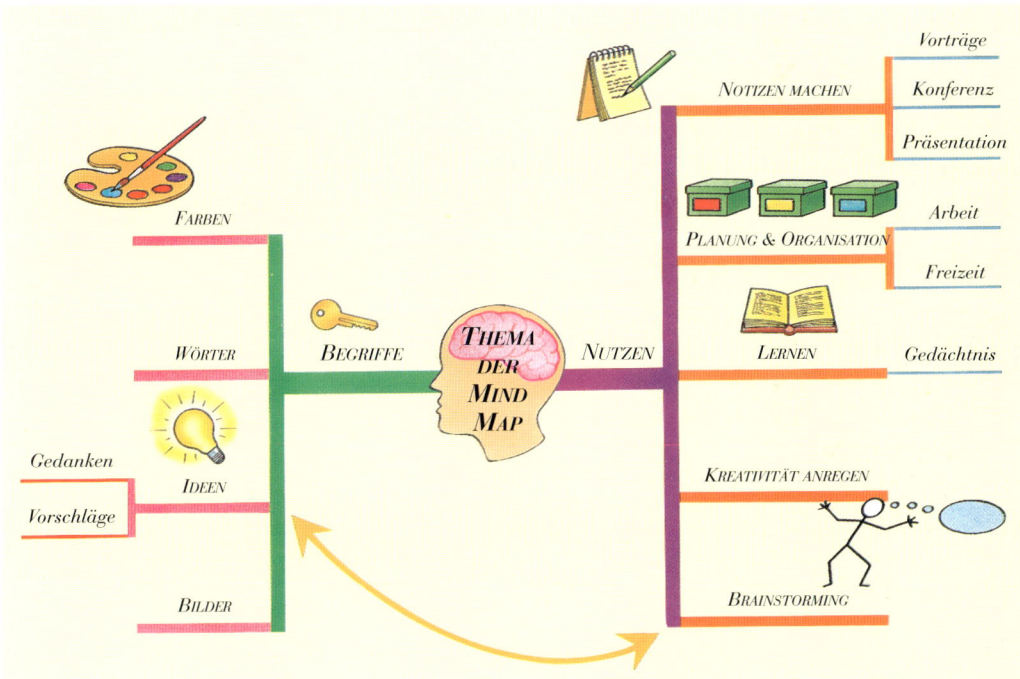

AUFBAU EINER MIND MAP ▲

Das Thema kommt in die Mitte der Mind Map. Wenn Ihnen dazu etwas einfällt, schreiben Sie Wörter auf »Äste« oder Nebenzweige. Machen Sie die Wörter unterschiedlich groß und verwenden Sie viele Farben und Bilder, beides unterstützt das Gedächtnis. Verbinden Sie verwandte Ideen mit Pfeilen.

26 Heben Sie wichtige Begriffe mit Markern hervor.

INFORMATIONEN AUSTAUSCHEN

Persönliche, telefonische oder schriftliche Kommunikation kann von Kriegsführung bis hin zum Einvernehmen reichen. Sie sollten die richtige Methode wählen, wenn Sie Ihr Ziel erreichen wollen.

KONTAKT HERSTELLEN

Der befriedigende Ausgang einer Begegnung lässt sich nicht garantieren, aber ein guter Anfang ist stets möglich. Ihre Worte und Ihr Verhalten beeinflussen die Reaktionen der anderen wesentlich, deshalb sollte Ihre Einleitung freundlich sein.

27 Stehen Sie zur Begrüßung auf – es ist unhöflich, sitzen zu bleiben.

NICHT VERGESSEN

- Die erste Begrüßung sollte stets so freundlich wie möglich sein.
- Alle Teilnehmer einer Besprechung müssen zu Beginn einander vorgestellt werden.
- Besprechungen sollten immer höflich beendet werden, selbst wenn es Meinungsverschiedenheiten gab.
- Im Ausland sind Verhaltensunterschiede kultureller Art (z.B. die Ungewohntheit des Händeschüttelns) zu berücksichtigen.

DIE BEGRÜSSUNG

Mit welchen Worten Sie Ihnen bekannte Personen begrüßen, hängt vom jeweiligen Verhältnis ab. Stehen Sie mit ihnen auf gleicher Ebene, werden Sie sich eventuell duzen, mit Vornamen ansprechen und eine Begrüßungsformel verwenden, etwa »Guten Morgen« oder »Wie geht's?« Bei Fremden kann die Begrüßung die Vorstellung beinhalten, also nennen Sie Ihren Namen und fügen Sie eine Höflichkeitsfloskel hinzu (»Freut mich, Sie kennen zu lernen.«). Das weist auf freundliche Einstellung hin. Selbst wenn Streitigkeiten zu erwarten sind, ist ein höflicher Anfang grundsätzlich klug.

KÖRPERKONTAKT EINSETZEN

Wenn Sie eine Ihnen vertraute Person begrüßen, ist ein Händedruck oder vielleicht auch ein kurzer, unverfänglicher Körperkontakt durchaus üblich. Fremden werden Sie meist mit ausgestreckter Hand begegnen. Der Händedruck sollte fest sein, eine schlappe Hand vermittelt den Eindruck der Schwäche. Beachten Sie kulturelle Gepflogenheiten beim Begrüßen von Personen des anderen Geschlechts. Es kann ungehörig sein, wenn Männer und Frauen einander berühren. Und achten Sie auf Ihre Haltung: Zum Begrüßen der Gäste sollten Sie aufstehen und eine gerade Haltung einnehmen.

KULTURELLE UNTERSCHIEDE

Zur Begrüßung können südeuropäische männliche Kollegen einander umarmen. Im Gegensatz dazu machen Japaner nur eine leichte Verbeugung. Erst wenn sie einander näher kennen, geben sie sich auch die Hand. Japaner und Chinesen überreichen bei der Vorstellung stets die Visitenkarte.

BEENDEN DER BESPRECHUNG

Wenn Übereinstimmung erzielt oder eine produktive Besprechung beendet wurde, betonen Sie den Erfolg noch einmal durch Körpersprache. Sind Sie der Gastgeber, so danken Sie den anderen für ihren Beitrag. Begleiten Sie Ihre Gäste mindestens bis zur Tür des Raumes, besser noch bis zum Ausgang des Gebäudes. Der Händedruck beim Abschied kann noch herzlicher und länger sein als bei der Begrüßung. Die Höflichkeitsregel gilt auch für die Teilnehmer Ihrer Konferenz – wer sich in Ihren Räumen befindet, sollte sich korrekt benehmen. Auch wenn die Besprechung keine leichte Sache war, bleiben Sie höflich und sachlich, ohne Fehlschläge zu kommentieren.

Stellen Sie Augenkontakt her.

Ein Abschied mit beiden Armen wirkt herzlicher als ein einfacher Händedruck.

Zum Verabschieden steht man auf.

◄ **HERZLICHER ABSCHIED**
Der Abschied ist wahrscheinlich herzlicher als die Begrüßung, vor allem wenn die Begegnung positiv verlief. In manchen Ländern bevorzugt man physischen Kontakt, indem man beim Händeschütteln mit der anderen Hand Ihren Arm ergreift.

INFORMATION WEITERLEITEN

Manager verbringen viel Zeit damit, sich persönlich mit ihren Mitarbeitern zu verständigen. Der direkte Kontakt kann der kritischste Kommunikationsschauplatz sein. Ehrlichkeit und Feedback sind wichtig, wenn Sie erfolgreich sein wollen.

28 Wenn Sie positives Feedback geben, begründen Sie Ihr Lob auch.

INFORMATIONSSUCHE

29 Geben Sie sich Mühe, Ihre Mitarbeiter zu informieren.

Das Bedürfnis der Mitarbeiter, Information zu bekommen, und die Fähigkeit der Manager, Information aller Art zu beschaffen, sind wesentlich für jedes Unternehmen. Ermitteln Sie zunächst, über welche Bereiche die Leute etwas erfahren wollen. Arbeitsplatzsicherheit, Arbeitsbedingungen, Vergütung und Standort – all das ist für Ihre Mitarbeiter wichtig. Diesbezügliche Veränderungen sollten Sie so bald und so direkt wie möglich mitteilen.

VERSTANDEN WERDEN

Nichts ist leichter als missverstanden zu werden. Das kann daran liegen, dass Sie selbst nicht genau wissen, was Sie sagen wollen. Oder Ihre Ausdrucksweise ist unklar, selbst wenn Ihnen alles klar ist. Vielleicht steht Ihre Körpersprache im Widerspruch zu dem, was Sie formulieren. Oder der andere hat eine vorgefasste Meinung über das, was Sie mitteilen wollen. Er hört dann gar nicht, was Sie zu sagen versuchen.

Eine gute Methode, Fehlinterpretationen zu vermeiden, besteht darin, Ihre Mitteilung an einem Kritiker zu erproben. Sie können auch die Zuhörer bitten, Ihre Mitteilung zu wiederholen – und deren Feedback dazu verwenden, Missverständnisse zu korrigieren. Positive Körpersprache hilft Ihnen, Ihre verbale Botschaft gut »rüberzubringen«.

30 Im Zweifelsfall ist es immer besser, Informationen weiterzuleiten.

FEEDBACK GEBEN

Feedback, wörtlich übersetzt »Rückkopplung«, ist für die Kommunikation wesentlich – Sie prüfen damit, ob Sie den anderen verstanden haben, und reagieren auf das, was er gesagt und getan hat. Es kann schwer fallen, negatives Feedback zu geben, aber man darf ihm dennoch nicht aus dem Weg gehen. Wenn Sie mit negativem Feedback reagieren, befolgen Sie diese einfachen Regeln:

- Bringen Sie Verständnis dafür auf, was schief ging und warum.
- Zeigen Sie Wege, wie etwas korrigiert werden kann.
- Verwenden Sie lieber Fragen als Behauptungen.
- Äußern Sie Ihre negativen Meinungen ehrlich, aber in positiver Weise.
- Trennen Sie negatives Feedback und Emotion. Urteilen Sie objektiv, ohne persönlich zu werden.

| 31 | Verschwenden Sie keine Zeit für Leute, die Sie nicht verstehen wollen. |

▼ **KONFLIKTVERMEIDUNG**

Lassen Sie sich von negativer Körpersprache Ihres Gegenübers nicht aus dem Konzept bringen. Suchen Sie Augenkontakt und bringen Sie Ihre Mitteilung unzweideutig vor.

Aggressiver Ausdruck

Leichtes Vorlehnen erleichtert Ihnen das Verdeutlichen.

Arme defensiv verschränkt

Gesten mit geöffneten Händen sind hilfreich.

EHRLICH REAGIEREN

Es ist entscheidend, offen und ehrlich auf die Äußerungen oder Handlungen Ihrer Angestellten zu reagieren. Begründen Sie positives Feedback und verwenden Sie bei negativem Feedback lieber Fragen als Behauptungen. Hier ein paar Beispiele:

„ *Besonders gut gefallen hat mir, wie Sie Ihre Argumente mit Fakten, Information über die Konkurrenz und Statistiken unterstrichen haben.* "

„ *Sie sind für diese Aufgabe richtig, weil...* "

„ *Teilen Sie meine Meinung, dass der Bericht unbefriedigend ist?* "

DAS TELEFON NUTZEN

Das Telefon ist ein hervorragendes Kommunikationsmittel. Es ermöglicht den unmittelbaren Kontakt zu weit entfernten und selbst zu völlig fremden Menschen. Nutzen Sie das Telefon für Möglichkeiten, die Ihnen sonst nur schwer offen stünden.

32 Eine Schreibtisch-uhr hilft, die Zeit für Telefonate im Auge zu behalten.

33 Nutzen Sie die Funktion »Rückruf bei Besetzt«, um Zeit zu sparen.

BESSERE TECHNIK

Viele glauben, Telefonieren sei ihnen in die Wiege gelegt. Aber die Technik des Telefonierens kann durch Know-how und Übung verbessert werden. Telefonverkäufer, die via Telefon Kunden akquirieren, sind Experten. Hier einige »Telesales«-Regeln:

- Schreiben Sie auf, was Sie sagen wollen.
- Sprechen Sie langsam und passen Sie Ihr Tempo an das des Gesprächspartners an.
- Seien Sie stets höflich und freundlich.
- Lächeln Sie – ein lächelndes Gesicht hat eine freundliche Stimme zur Folge und lädt zur positiven Reaktion ein.

Lächeln Sie – Ihre Stimme klingt dadurch wärmer.

Halten Sie sich an einen Plan, damit Sie nicht den Faden verlieren.

Überwachen Sie die Dauer Ihrer Anrufe.

◀ **LESEN VOM MANUSKRIPT**
Bei wichtigen Anrufen können Sie leicht abgelenkt werden. Machen Sie eine Liste aller Punkte, die Sie erörtern wollen, und haken Sie diese jeweils ab. Sie sollten sich auch wichtige Sätze vorher notieren, wenn das Telefongespräch schwierig werden könnte.

34 Wenn Sie einen Rückruf ver-sprechen, dann tätigen Sie ihn.

NACHRICHTEN HINTERLASSEN

Wenn Sie einen Anrufbeantworter haben, beantworten Sie alle eingegangenen Anrufe so bald wie möglich, jedenfalls aber innerhalb von 24 Stunden.

Wenn Sie eine Nachricht auf einer Maschine hinterlassen, nennen Sie zuerst Ihren Namen, die Telefonnummer und die Uhrzeit. Sprechen Sie dabei langsam und deutlich. Wenn Sie Ihren eigenen Anrufbeantworter besprechen, sollte Ihre Ansage kurz und sachlich sein. Geben Sie an, wann Sie zurück sein werden oder an wen man sich in Ihrer Abwesenheit wenden kann.

NICHT VERGESSEN

- Die Hauptsache sollte wiederholt und als Letztes noch einmal erwähnt werden.

- Längere Mitteilungen sollten per Fax oder E-Mail übermittelt werden, keinesfalls per Anrufbeantworter.

- Telefongespräche hat man leichter im Griff als persönliche Begegnungen, weil alles sachlicher und knapper gehalten werden kann. Nutzen Sie diesen Vorteil.

35 Wiederholen Sie bei Ansagen am Ende Namen und Nummer.

TELESALES

Telesales, der Verkauf übers Telefon, ist eine spezielle Form der Kommunikation. Wenn Sie ein Telesales-Team managen, so achten Sie darauf, dass die Mitarbeiter diese Regeln beachten:
- Nach Plan arbeiten.
- Keine Pausen einlegen.
- »Bitte« und »danke« benutzen.
- Spiegel auf den Schreibtisch stellen, damit sie auch sehen, dass sie lächeln.
- Das Wort »ich« nur selten gebrauchen.

DURCHKOMMEN

Die Kommunikation kann nicht gelingen, wenn Sie nicht zur richtigen Person durchgestellt werden. Erkundigen Sie sich zunächst genau nach dem Namen der zuständigen Person. Verhalten Sie sich am Telefon so, als ob Sie die Person gut kennen, selbst wenn es sich um einen völlig unbekannten (vielleicht sehr angesehenen) Menschen handelt. Treten Sie selbstsicher auf. Ist der oder die Betreffende »in einer Besprechung«, so erkundigen Sie sich, wann er (oder sie) zu sprechen ist. Sagen Sie, dass Sie nochmals anrufen werden. Wenn Sie dann später anrufen, sagen Sie, dass Ihr Anruf erwartet wird.

Wenn Sie dann mit der gewünschten Person sprechen, legen Sie nicht auf, bevor Sie Ihre Sache klar vorgetragen haben. Wie bei allen Gesprächen sollten Sie überprüfen, ob der andere Sie auch richtig verstanden hat.

36 Ändern Sie Ihre Telefonansage jedes Mal, wenn sich die Umstände ändern.

INFORMATIONS-TECHNOLOGIE NUTZEN

Zur Kommunikation bietet sich heutzutage eine Vielzahl von Technologien an. Der Computer – am Schreibtisch und als Laptop – ist ein Datenzentrum für Manager, die ihre Information schnell aus aller Welt empfangen und überall hin versenden wollen.

37 Lassen Sie sich von Experten beraten, um IT optimal anzuwenden.

38 Denken Sie darüber nach, wie Sie das Internet nutzen können.

TELEFAX

Obwohl sich die E-Mail immer mehr durchsetzt, ist das Telefax eine praktische Kommunikations-form. Wenn Sie z. B. jemandem etwas mitteilen wollen, der Ihnen am Telefon stets lange Romane erzählt, lässt sich dieses Problem durch ein Fax beheben. Fax ist besonders sinnvoll für Dokumente, die schneller übermittelt und beantwortet werden müssen, als dies mit der Post möglich ist.

E-MAIL

E-Mail ist schnell, anwenderfreundlich und vielseitig. Sie ist ein erstrangiges Kommunikationsmedium für Firmen und wird ständig beliebter. Wenn Sie Ihre Mitarbeiter über E-Mail auf dem Laufenden halten, sparen Sie auch Papier.
- Verwenden Sie sinnvolle Betreffzeilen.
- Fassen Sie sich möglichst kurz.
- Unterscheiden Sie zwischen Geschäftlichem und Privatem.
- Wählen Sie die Empfänger Ihrer E-Mails sorgsam aus.
- Fügen Sie an Ihre E-Mails keine großen Dateien an, wenn Sie viele Leute gleichzeitig anschreiben.

NICHT VERGESSEN

- Ein Fax kann als Schriftdokument mit dem Faxgerät oder als Datei vom PC aus versandt werden.
- Manager ohne Laptop oder Notebook gehen nicht mit der Zeit.
- Das World Wide Web (WWW) ist die Kommunikation der Zukunft in vielen Bereichen.
- Das Internet ist ein mächtiges Kommunikationsmittel, vor allem wegen der Möglichkeit, viele Medien gleichzeitig einzusetzen.
- Kommunikationsmüll zu vermeiden, hilft allen.

INTERNET

Das Internet ist ein Kommunikationsmittel, ebenso wie interne Netzwerke, Groupware, Intranet (innerbetriebliches Netz) und Extranet (das z. B. Lieferanten mit Kunden verbindet). Benutzen Sie eine Homepage, um aktuelle Information über Ihre Organisation an Kunden und Mitarbeiter zu übermitteln. Schauen Sie sich die Web-Sites anderer Firmen zur Information über Ihre Konkurrenten an. Das Internet ist ein wertvolles Werkzeug für Nachforschungen aller Art und für interaktive Dialoge. Ferner können Sie über Internet Produkte kaufen und verkaufen.

▲ NUTZEN DER TECHNOLOGIE

Computer und Informationstechnologie geben den Mitarbeitern direkten Zugriff auf Information aller Art – von finanziellen Transaktionen bis hin zu wissenschaftlichen Daten.

Nur wichtige Mitteilungen senden	Mitteilungen kurz fassen	Verzögerung bei der Antwort vermeiden

INFORMATIONSFLUSS ▲ STEUERN

Damit elektronische Kommunikation schnell und effizient verläuft, sollten Sie nichts Unwichtiges versenden. Schreiben Sie kurz und beantworten Sie eingehende Mitteilungen so bald wie möglich.

39 Nutzen Sie die Antwort-Funktion von E-Mail.

KOMMUNIKATION BESCHLEUNIGEN

Die effizienteste Methode zur Verbesserung des Kommunikations- und Informationsflusses ist die Quantitätskontrolle. Wenn Sie eine Nachricht versenden wollen, fragen Sie sich, ob das wirklich nötig ist. Halten Sie Ihre Mitteilung kurz; je kürzer sie ist, desto schneller kann sie verarbeitet werden. Prüfen Sie Standardberichte darauf, ob sie verkürzt oder ganz eliminiert werden können – merkt überhaupt jemand, wenn manche Berichte nicht mehr kommen? Verzögern Sie Antworten nicht: Sofort zu antworten macht Ihren Schreibtisch frei.

BRIEFE SCHREIBEN

Dokumente, die gut formuliert, leicht verständlich und sachlich sind, werden von Leuten geschrieben, die sich bereits vor dem Schreiben klare Gedanken gemacht haben. Schreiben Sie zweckdienliche Briefe, denken Sie nach, bevor Sie schreiben.

40 Beim Verfassen von Briefen sollten Sie stets den Leser vor Augen haben.

41 Delegieren Sie Routineantworten an Ihre Mitarbeiter.

DER WEG ZUM PERFEKTEN BRIEF

Überlegen, was man mit dem Brief sagen will

Den ganzen Brief ohne Unterbrechung schreiben

Den fertigen Brief noch einmal durchlesen

Den Brief überarbeiten, indem man rigoros kürzt

Vor dem Versenden Orthographie und Interpunktion prüfen

ZIELORIENTIERT SCHREIBEN

Alle Geschäftsbriefe haben einen Zweck. Oberstes Gebot des Schreibens ist es, dem Empfänger die Absicht absolut klar zu machen. Die zweite Regel ist es, alle Informationen einzufügen, die der Leser zum Verständnis braucht. Widerstehen Sie der Versuchung, zu viel zu schreiben – Ihr Brief sollte möglichst auf eine Seite passen.

KLARTEXT SCHREIBEN

Die Kunst, Geschäftsbriefe klar und kurz zu verfassen, liegt darin, in einfachen und sachlichen Worten zu schreiben. Verwenden Sie lieber kurze Wörter und Sätze als lange und lieber aktive Verbformen als passive. Vermeiden Sie Beamtensprache (wie »Bezug nehmend«). Formulieren Sie natürlich, schreiben Sie, wie Sie sprechen, nicht wie Sie meinen, schreiben zu müssen. Ändern Sie nichts, bevor Sie fertig sind, aber dann kürzen Sie radikal.

42 Vermeiden Sie komplizierte Wörter oder abstrakte Begriffe – sie schaden der Klarheit.

BRIEFE GLIEDERN

Beim Entwurf Ihrer Briefe sollten Sie die Prinzipien des Direct Mailing anwenden:

- Erregen Sie die Aufmerksamkeit des Lesers, indem Sie den Zweck des Briefs darlegen.
- Erwecken Sie das Interesse des Lesers, indem Sie ihn neugierig auf das machen, was folgt.
- Wecken Sie den Wunsch des Lesers, indem Sie Ihr Angebot oder Produkt attraktiv beschreiben.
- Überzeugen Sie den Leser davon, dass Sie ehrlich sind, indem Sie Garantien bieten.
- Stimulieren Sie den Leser zum Handeln, indem Sie ihm darlegen, was er jetzt machen soll.

43 Entwerfen Sie ein Konzept, bevor Sie beginnen, einen Brief zu formulieren.

◀ **DIESER BRIEF FÜHRT ZU NICHTS**

Diesem Brief fehlt es an Klarheit. Er ist nicht durchdacht, enthält Fehler in Orthographie und Interpunktion und ist viel zu wortreich.

Sehr geehrter Empfänger,

Wie ich gehört habe, suchen Sie eine Firma, die in der Lage wäre, in den diversen Abteilungen Ihres Unternehmens neue Computer zu installieren. Ich glaube, dass meine Firma durchaus in der Lage wäre, Sie zuverlässig zu bedienen. Ungeachtet unserer begrenzten Erfahrung in Ihrem speziellen Gewerbezweig, erklärte mir der Mitarbeiter einer anderen Firma, der die Zustände in Ihrem Betrieb genau kennt, das wir genau die richtigen für diesen Job wären. Ich freue mich bereits jetzt auf die Zusammenarbeit mit Ihnen und bin gerne bereit zu einer Diskusion mit Ihnen auser montags, mittwochs oder freitags. Das ist so weil

Schreiber erwähnt überflüssige Einzelheiten.

Brief ist länger als eine Seite.

Der Schreiber hat sich nicht um den Namen des Empfängers gekümmert.

Bedeutung unklar

Grammatik und Rechtschreibung dürftig

Brief ist genau eine Seite lang.

Nennt den Empfänger

Zuversichtlicher Ton

Schlägt nächsten Schritt vor

Begründet den Brief

Firma Müller & Co
z.Hd. Herrn Rudolf Meier
Hauptstraße 25
Kleinstadt

X-Stadt, den 1. Oktober 2002

Sehr geehrter Herr Meier,

wie in unserem Telefongespräch vom vergangenen Montag besprochen, erhalten Sie beigefügt unsere neue Broschüre.

Sie sagten mir, Sie seien an der Installation neuer Computerprogramme interessiert, und ich bin überzeugt, dass unsere Software genau Ihren Erwartungen und Ansprüchen entspricht.

Ich sehe Ihrer Antwort mit Interesse entgegen und freue mich darauf, Ihnen bei unserem nächsten Gespräch nähere Einzelheiten erläutern zu können.

Mit freundlichen Grüßen

Unterschrift

**DIESER BRIEF ▶
FÜHRT ZUM ZIEL**

Dieser Brief ist klar, zuversichtlich und sachlich. Der Verfasser bemüht sich um eine positive Einstellung zur potenziellen Geschäftsbeziehung mit der Firma.

WIE PROFIS KOMMUNIZIEREN

Wer perfekt kommuniziert, kann seine Botschaft sowohl einzelnen Gesprächspartnern als auch einem großen Publikum schriftlich oder mündlich nahe bringen und wird dabei von allen verstanden.

ERFOLGREICHES BRIEFING

Das Übermitteln des Zwecks, der Mittel und des Umfangs einer Aufgabe, die man jemandem anvertraut, ist eine Grundübung der Kommunikation. Das Briefing ist eine kurze Besprechung mit Kunden, Mitarbeitern oder Lieferanten.

44 Leichtes Vorneigen verleiht Ihnen mehr Sicherheit im Auftreten.

Blickkontakt unterstützt Aufmerksamkeit beim Gespräch.

▲ MENSCHEN INFORMIEREN
Wenn Sie einem Kunden oder Mitarbeiter eine schriftliche Anweisung übergeben, besprechen Sie diese kurz und klären Sie, ob Sie vollständig verstanden wurden.

ART DES BRIEFINGS
Es gibt viele unterschiedliche Arten von Briefings. Sie können sich auf künftige Maßnahmen beziehen oder eine Analyse liefern, was und warum etwas geschehen ist. Wenn ein Kunde beteiligt ist, kann das Briefing ein Bericht und zugleich ein Aktionsplan sein, in dem Sie im Einzelnen erläutern, was Sie vorschlagen und welche Rolle der Kunde dabei spielen soll. Holen Sie unbedingt das Feedback Ihres Briefingpartners ein.

45 Lassen Sie in Briefings auch noch Eigeninitiative zu.

▼ **STRUKTUR DER ANWEISUNG**
Eine schriftliche Arbeitsanweisung sollte deutlich sein und genau darlegen, was wann gemacht werden muss und wie das geschehen soll.

BRIEFING PLANEN

Bei einem mündlichen Briefing sollte man vorher vereinbaren, wer anschließend ein schriftliches Protokoll des Briefings verfassen sollte. Wichtig ist beim Erstellen des Briefingdokuments:

- Setzen Sie den Zweck voran.
- Führen Sie die verfügbaren Mittel auf.
- Machen Sie einen Zeitplan.
- Beschreiben Sie das Verfahren.
- Geben Sie an, an wen das Briefing zu senden ist.

Selbst wenn Sie einfache Aufgaben delegieren: Präzise Angaben beugen Fehlern vor.

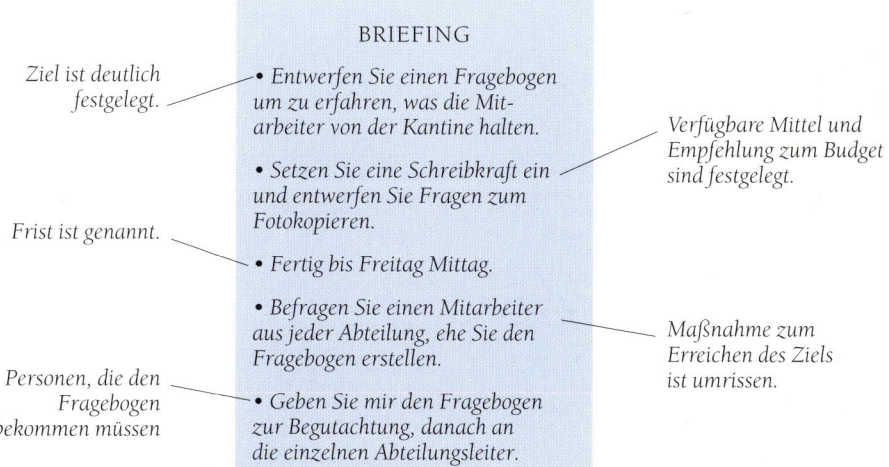

BRIEFING

Ziel ist deutlich festgelegt.

Frist ist genannt.

Personen, die den Fragebogen bekommen müssen

- *Entwerfen Sie einen Fragebogen um zu erfahren, was die Mitarbeiter von der Kantine halten.*
- *Setzen Sie eine Schreibkraft ein und entwerfen Sie Fragen zum Fotokopieren.*
- *Fertig bis Freitag Mittag.*
- *Befragen Sie einen Mitarbeiter aus jeder Abteilung, ehe Sie den Fragebogen erstellen.*
- *Geben Sie mir den Fragebogen zur Begutachtung, danach an die einzelnen Abteilungsleiter.*

Verfügbare Mittel und Empfehlung zum Budget sind festgelegt.

Maßnahme zum Erreichen des Ziels ist umrissen.

BEFUGNIS DELEGIEREN

Die meisten Briefings beinhalten ein Delegieren von Befugnissen. Wenn Sie für die Erledigung einer Aufgabe verantwortlich sind und jemanden mit deren Durchführung beauftragen wollen, delegieren Sie die Befugnis an diese Person. Dafür müssen Sie die Verantwortungsbereiche umreißen. Sie legen fest, inwiefern Sie auf dem Laufenden gehalten werden wollen und ob Sie weitere Anweisungen geben werden.

46 Wenn ein Projekt nicht zum Ziel führt, setzen Sie ein Re-Briefing an.

Einzelgespräche Führen

Eine Besprechung mit einem Mitarbeiter kann formell oder informell (abhängig von der Art der Betriebsführung und des Themas) sein. Führen Sie Einzelgespräche, um Leistung zu prüfen und herauszufinden, ob Betreuung oder Beratung erforderlich ist.

> **47** Bitten Sie alle Beteiligten, sich für das Treffen vorzubereiten.

DAS IST ZU TUN

1. Versuchen Sie, Einzelgespräche mit Mitarbeitern wenigstens einmal im Monat zu führen.

2. Halten Sie sich an die Agenda, und treffen Sie Vereinbarungen über Entscheidungen.

3. Hören Sie auf das, was gesagt wird, und dominieren Sie nicht im Gespräch.

FORMELLE BESPRECHUNG

Es gibt keine festen Richtlinien für informelle Treffen, aber bei formellen Einzelgesprächen gelten dieselben Regeln wie bei allen anderen Gesprächen. Kommen Sie bald zur Sache, halten Sie sich an die Agenda, fassen Sie am Ende noch einmal zusammen und vergewissern Sie sich, dass Ihr Gesprächspartner der Zusammenfassung zustimmt. Bei allen Einzelgesprächen verführt das Verhältnis zwischen Manager und Angestelltem dazu, dass der eine dominiert und der andere unterwürfig ist. Um Gespräche positiv zu gestalten, hören Sie dem anderen zu, streben Sie eine sachliche Diskussion an und seien Sie höflich.

VORBEREITET SEIN

Bei normalen Besprechungen kann die Vorbereitung darüber entscheiden, ob das Ergebnis zufriedenstellend oder unbefriedigend ist. Manche Firmen setzen alle zwei Wochen Einzelgespräche zwischen Vorgesetzten und Mitarbeitern an, um Probleme zu erörtern, Ziele zu definieren und schriftliche Erfolgsberichte zu erstellen. Für diese Einzelgespräche verteilen die Manager die Berichte ein paar Tage vorher. Das gibt den Mitarbeitern Zeit zur Vorbereitung.

> **48** Denken Sie daran: Eine »gute« Besprechung ist eine, die Ergebnisse zeigt.

MITARBEITER BETREUEN

Gute Manager müssen gute Betreuer sein, die ihre Mitarbeiter anspornen, die Arbeitsleistung zu steigern, Ihre Kenntnisse zu erweitern und ihr volles Potenzial auszuschöpfen. »Coaching« ist Bestandteil des gesamten Managementprozesses und sollte nicht nur auf Erfolgsberichte und alljährliche Bewertungen beschränkt sein. Als Manager sollten Sie den Mitarbeitern Ziele stecken und sie regelmäßig zur Leistungsverbesserung ermutigen, ebenso wie Sie alle Stärken und Schwächen mit ihnen besprechen. Wenn Ihre Mitarbeiter Vertrauen gewinnen und mehr leisten, übernehmen sie auch mehr Verantwortung.

49 Hören Sie Ihren Mitarbeitern zu. Gute Betreuung kann Unzufriedenheit beheben.

▼ LÖSUNGEN ERMITTELN

Bevor Sie einem Mitarbeiter beruflichen Rat zukommen lassen, prüfen Sie, ob auch er meint, dass er ein Problem hat. Besprechen Sie sich mit ihm an einem neutralen Ort, wo Sie nicht gestört werden.

MITARBEITER BERATEN

Probleme, die sich aus der Arbeit oder aus dem Privatleben ergeben, lassen sich durch Beratung beheben. Wenn Sie selbst kein geübter Berater sind oder keine große Erfahrung haben, sollten Sie das einem Profi überlassen. Bieten Sie dem Mitarbeiter, der Schwierigkeiten hat, ein Beratungsgespräch an. Seien Sie dabei einfühlsam und taktvoll. Ein Berater kann helfen, Probleme zu erkennen und zu lösen. Bieten Sie praktische Hilfe an, wenn das möglich ist. Wenn z. B. eine Freistellung von der Arbeit helfen würde, so gehen Sie darauf ein.

50 Beachten Sie Probleme, sie beeinträchtigen die Leistung.

KONFERENZEN ERFOLGREICH LEITEN

Die meisten Manager glauben, sie verbringen zu viel Zeit in Konferenzen. Aber eine gelungene Konferenz kann durchaus ein produktiver Weg zur Kommunikation sein. Wenn Sie den Vorsitz einer Konferenz führen, behalten Sie deren Verlauf im Griff.

51 Verteilen Sie alle relevanten Unterlagen vor Konferenzbeginn.

KONFERENZ VORBEREITEN

Wenn Sie eine Konferenz vorbereiten, stellen Sie sich zunächst vier Hauptfragen: Zu was dient die Konferenz? Weshalb wird sie einberufen? Wie erfahre ich, ob sie erfolgreich war? Wer sollte teilnehmen? Diese Fragen entscheiden darüber, ob die Konferenz notwendig ist. Alle Konferenzen sollten ein Ziel haben, das am Ende erreicht wird. Falls abschließende Entscheidungen nicht getroffen werden, sollte es wenigstens einen Plan für weitere Maßnahmen geben.

52 Sorgen Sie dafür, dass Entscheidungen in Konferenzen getroffen werden.

ERÖFFNUNG

Nachdem Sie die nötigen Einführungen gemacht haben, erinnern Sie alle Anwesenden an den Zweck der Konferenz, welches Ergebnis von ihr erwartet wird und wann sie endet. Wenn es Grundregeln gibt, so legen Sie diese gleich fest. Prüfen Sie, ob alle die relevanten Papiere haben und die Tagesordnung akzeptiert ist. Wenn schon eine Konferenz vorangegangen ist, so muss deren Protokoll eventuell erörtert und genehmigt werden. Aber diskutieren Sie nichts, was schon aus der Agenda hervorgeht. Gehen Sie gleich zum ersten Punkt der Tagesordnung über.

53 Wenn Sie den Vorsitz haben, manipulieren Sie nicht zu Ihrem eigenen Vorteil.

EINE KONFERENZ LEITEN

Sorgen Sie für Ausgewogenheit, indem Sie einerseits den flotten Verlauf der Diskussion gewährleisten und andererseits, dass alle, die etwas sagen wollen, ihre Meinung äußern können. Über einen Punkt zu debattieren, bis die Entscheidung getroffen wird, kann zeitraubend sein. Um das zu verhindern, fungieren Sie als Zeitnehmer (am besten mit der Uhr in der Hand). Legen Sie von vornherein Zeitlimits fest.

54 Humor an der richtigen Stelle kann den Konsens herbeiführen.

KONFERENZ ABSCHLIESSEN

Nehmen Sie sich Zeit, eine Konferenz abzuschließen. Fassen Sie die Punkte zusammen und prüfen Sie, ob Ihnen alle zustimmen. Treffen Sie Entscheidungen über noch offene Punkte und gehen Sie dann noch einmal die Umsetzung der gefassten Entscheidungen durch, d.h. welche Maßnahmen das Ergebnis der Konferenz sind. Weisen Sie jede Maßnahme einer Person zu und legen Sie eine Frist zur Ausführung fest.

55 Halten Sie sich bei allen Tagesordnungspunkten an den Zeitplan.

BILDSCHIRMKOMMUNIKATION

Videokonferenzen sind kein Ersatz für normale Konferenzen, aber sie können diese ganz sinnvoll ergänzen. Jedenfalls können sie viel wirksamer sein als Telefonkonferenzen, denn die Teilnehmer möchten (oder müssen) sehen, was geschieht. Halten Sie Videokonferenzen vor allem dann ab, wenn Sie räumlich weit voneinander entfernte Büros haben.

◀ VIDEOKONFERENZ

Die Videokonferenz, bei der alle Teilnehmer die Körpersprache und den Gesichtsausdruck des jeweiligen Sprechers sehen können, ist ein zweckmäßiges Konferenzverfahren, das Reisezeit und Kosten erspart.

Beim Publikum ankommen

Egal, ob es sich um Präsentationen, Seminare oder Konferenzen handelt, dem Publikum fällt es leichter, Information mit den Augen als mit den Ohren aufzunehmen. Deshalb sollten Sie nach Möglichkeit audiovisuelle Techniken (AV) anwenden.

56 Beenden Sie Ihren Vortrag lieber vor dem Termin als später.

57 Seien Sie vorbereitet, falls die AV-Technik versagt.

Vorträge vorbereiten

Nehmen Sie sich Zeit zum Aufsetzen und Proben Ihres Vortrags und zur endgültigen Überarbeitung. Wenn Sie den ganzen Text zu einem 30-minütigen Vortrag niederschreiben, wird er etwa 4800 Wörter enthalten. Planen Sie die 30 Minuten um ein Thema herum. Fassen Sie jeden Punkt zusammen, dann machen Sie sich Notizen. Veranschlagen Sie etwa drei Minuten pro Punkt, wenn Sie AV-Technik einsetzen (also zehn Punkte in 30 Minuten), sonst ein bis zwei Minuten pro Punkt.

Auf den Punkt kommen

Die Wiederholung, die beim Schreiben als Fehler gilt, ist für die Rede wichtig. Jeder Vortrag ist ein Auftritt. Wenn Sie Notizen mitbringen, halten Sie diese kurz. Widmen Sie den Notizen nur kurze Blicke, aber lesen Sie nicht vor. Der Verstand nimmt akustische Information nur bedingt auf, also machen Sie Ihren Vortrag möglichst leicht verständlich. Gefragt sind eine klare Sprache, kurze Sätze und fließende Sprache mit logischen Übergängen zwischen den Punkten. Der letzte Punkt sollte mit dem ersten in Zusammenhang stehen.

58 Stellen Sie Ihrem Publikum Fragen, wenn es zögert, Fragen zu stellen.

▼ **WIE KOMMT ES AN**
Die drei entscheidenden Schritte zur Übermittlung Ihrer Botschaft sind: den Hörern sagen, was Sie sagen werden, es sagen und dann wiederholen, was Sie gesagt haben.

| Botschaft ankündigen | → | Botschaft übermitteln | → | Botschaft wiederholen |

ZUR REAKTION ERMUTIGEN

Nach Möglichkeit sollten Sie frei sprechen und sich selbstsicher auf dem Podium bewegen. Damit beseitigen Sie die psychologische Schranke des Podiums, so dass Sie und Ihr Vortrag zugänglicher werden. Während des Sprechens blicken Sie in die Mitte der Hörerschaft. Leute, die Ihnen zuhören, sind Ihnen im allgemeinen eher freundlich als feindlich gesonnen, also sollten Sie Ihr Vertrauen weiter aufbauen. Suchen Sie Augenkontakt zu Einzelnen, und ermutigen Sie das Publikum zur Beteiligung – Fragen an das Publikum oder an Einzelne machen sich immer gut.

59 Sprechen Sie maximal 20 bis 45 Minuten – länger hört fast niemand aufmerksam zu.

OPTISCHE HILFSMITTEL

Die bekanntesten optischen Hilfsmittel sind wohl der Diaprojektor und der Overhead-Projektor. Für wenige Hörer sind Flip-Chart oder Tafel geeignet. Die wirksamsten AV-Medien verwenden bewegte Bilder. Die Technik hat dafür gesorgt, dass man auf billige, schnelle und einfache Weise PCs mit Projektoren koppeln kann. Egal, was Sie benutzen, überzeugen Sie sich vorher, dass die Technik funktioniert und dass das visuelle Material optimal ist. Eventuell können Sie Ihren Vortrag noch wirksamer machen, indem Sie Zettel mit Hinweisen und visuellem Material im Publikum verteilen.

Prüfen Sie das Material für den Overhead-Projektor vorher.

Illustrieren Sie mit dem Zeigestock.

▼ **ERFOLGREICH PRÄSENTIEREN**

Machen Sie Ihre Körpersprache positiv. Gebärden können Ihre Worte unterstreichen. Wenn Sie ohne Notizen fließend sprechen können, lassen Sie sie lieber weg.

Klar und nicht zu schnell sprechen

Gesichtsausdruck positiv

Gebärden mit offener Hand akzentuieren

Aufrecht stehen und ins Publikum blicken

ERFOLG DURCH SCHULUNG

Das Abhalten einer Mitarbeiterschulung ist eine vitale Kommunikationsform. Sprechen Sie mit den Teilnehmern wie zu jedem anderen Publikum: Sie sollten selbstsicher sein, Augenkontakt suchen und zum Fragen auffordern. Lehrgänge sind oft dann am erfolgreichsten, wenn sie intensiv sind, einige Tage dauern und außerhalb des Büros stattfinden. Bei Gesprächen mit Mitarbeitern in Diskussionsgruppen oder im Gespräch außerhalb der Schulungsstunden können Sie auch Feedback über alle Aspekte des Unternehmens bekommen.

60 Laden Sie, wenn möglich, eine bekannte Persönlichkeit für das Seminar ein.

61 Ihre Mitarbeiter sollten die Schulung bekommen, die sie brauchen.

EIN SEMINAR ABHALTEN

Interne Seminare und Workshops sorgen für Weiterbildung in wichtigen Bereichen. Sie sind informelle Arbeitsveranstaltungen, die spezielle Ziele verfolgen. Wenn Sie eine interne Veranstaltung leiten, laden Sie nur die relevanten Personen dazu ein; für die Firmenleitung kann die Anwesenheit auch wichtig sein. Nutzen Sie externe Seminare, um Kunden und Lieferanten Veränderungen bekannt zu geben. Bitten Sie die Geschäftsführung um ihren Beitrag zu diesen Seminaren durch einen Einführungs- oder Schlussvortrag.

IM SEMINAR SPRECHEN

Wenn Sie auf einem internen oder externen Seminar sprechen, fragen Sie den Veranstalter, welche Themen die übrigen Sprecher haben, damit Sie einander nicht wiederholen. Fragen Sie, wie lange Sie reden sollen und ob es nachher Gelegenheit für Fragen und Diskussion gibt. Wenn Sie ohne Mikrofon sprechen, überzeugen Sie sich, ob Sie auch im hinteren Teil des Raumes noch zu verstehen sind (eventuell fragen). Sprechen Sie nicht zu schnell und schauen Sie zwischendurch auf die Uhr, damit Sie die vorgesehene Zeit einhalten.

62 Fragen Sie andere Manager, ob sie auf Seminaren sprechen möchten.

EINE TAGUNG PLANEN

Tagungen sind größer und formeller als Seminare. Ebenso wie Besprechungen einen Zweck haben, müssen auch alle Tagungen Ziele verfolgen. Insbesondere interne Vertreterkonferenzen sind im Allgemeinen Motivierungsveranstaltungen. Wie alle Tagungen erfordern sie erstklassige Räumlichkeiten, professionelle Präsentatoren, hervorragende Ausstattung und audiovisuelle Geräte sowie sorgfältige Planung.

Entscheiden Sie frühzeitig, wer auf dem Podium sprechen wird. Wenn Sie einen Gastsprecher zur Belebung des Ablaufs einladen können, wird dies das Interesse steigern. Sorgen Sie dafür, dass alle Sprecher wissen, wann sie ihren Vortrag halten sollen und welche Dauer für sie eingeplant ist.

NICHT VERGESSEN

- Je mehr Planungsvorbereitung Sie in die Veranstaltung investieren, desto eher wird sie gelingen.
- Jeder Vortrag kommt besser an, wenn er von guter audiovisueller Technik unterstützt wird.
- Mitarbeiter sind auf Seminaren oder Konferenzen ebenso respektvoll und sorgsam zu behandeln wie Kunden.
- Professionelle Sprecher können engagiert werden, um auf Firmenveranstaltungen zu sprechen.
- Konferenzen und Seminare bedürfen immer des Nachfassens, sonst haben sie nur geringen Nutzen.

63 Informieren Sie sich gut, bevor Sie Konferenzräume festlegen.

WAHL DER RÄUMLICHKEIT

Der richtige Raum ist wesentlich für das Gelingen jeder Veranstaltung. Bevor Sie entscheiden, wo die Konferenz oder das Seminar stattfinden soll, bedenken Sie gründlich, was gebraucht wird und welche Räumlichkeit für den Umfang und die Art der Veranstaltung geeignet ist. Für eine große Tagung brauchen Sie einen Saal, in dem alle bequem Platz finden. Für einen Workshop dagegen ist nur ein mittlerer Raum erforderlich und ein paar kleinere, in denen die Teilnehmer in Gruppen zusammenarbeiten können. Ehe Sie Räumlichkeiten buchen, prüfen Sie, ob alles Erforderliche vorhanden ist (z. B. Mikrofone, Projektoren, audiovisuelle Technik und bequeme Sitze für alle Teilnehmer) und wer für das Catering sorgt.

TUN UND LASSEN

- ✔ Prüfen Sie, ob alle Teilnehmer wissen, wie sie den Veranstaltungsort erreichen.
- ✔ Entwerfen Sie einen Veranstaltungsplan einschließlich Pausen.
- ✔ Passen Sie die Tagesordnung an, falls Zeit überzogen wird.

- ✘ Erwarten Sie von niemandem, dass er aus dem Stegreif unvorbereitete Vorträge hält.
- ✘ Laden Sie keine Leute ein, deren Gegenwart nicht wichtig ist.
- ✘ Achten Sie auf Feedback, damit Sie den Erfolg ermessen können.

VERKAUFSKOMMUNIKATION

Der Verkauf ist die Seele des Geschäfts, nicht nur, wenn Sie Kunden zum Kauf überreden. Verkaufstechniken können Sie in allen geschäftlichen Situationen anwenden, um das Einverständnis anderer zu bekommen und Widerstände zu überwinden.

64 Wenn Sie elegant »verkaufen«, formulieren Sie Ihren Punkt als Frage.

Zuvorkommendes Lächeln

Gebärde mit offener Hand

SOFT-SELLING

Jeder gute Verkauf verläuft »soft«. Sie stellen einen Bedarf fest und versprechen, diesen Bedarf zu befriedigen. Sie können dieses Verfahren und Ihr »Verkaufsargument« bei der Arbeit anwenden:

- Erkunden Sie die Situation durch Fragen und Zuhören, statt etwas zu behaupten.
- Lassen Sie die anderen antworten, selbst wenn Pausen entstehen.
- Zeigen Sie Verständnis, wenn Sie auf Widerstand stoßen – aber bleiben Sie beharrlich.

◀ **DIE TECHNIK DES SOFT-SELLING**
Lächeln und die offene, nach oben gewandte Handfläche gehören zur Technik des Soft-Selling. Das wirkt freundlich, offen und überzeugend.

HARD-SELLING

Die überholte aggressive Methode des Hard-Selling ist der Versuch, den Kunden zur Entscheidung zu zwingen. Wenn Sie bei der Arbeit eine Idee durchsetzen wollen, können Sie Hard-Selling-Techniken nahe am Ziel anwenden:

- Machen Sie ein »letztes Angebot«.
- Heben Sie hervor, dass diese gute Gelegenheit einmalig ist.
- Verweisen Sie auf die Konkurrenz.
- Machen Sie einen klaren Vorschlag.
- Drängen Sie auf sofortige Zustimmung.

65 Hören Sie auf die Einwände potenzieller Käufer – vielleicht bringt es Sie zum Verkaufserfolg.

SCHRIFTLICHER VERKAUF

Der Einsatz schriftlicher Unterlagen zum Verkauf – ob Sie nun ein Produkt verkaufen oder Ihren Kollegen einen Vorschlag »verkaufen« wollen – gehorcht offenbar widersprüchlichen Gesetzen. So sind z. B. beim Direktverkauf lange Briefe erfolgreicher als kurze. Wenn Sie aber betriebsinterne Memos versenden, sind Kurzfassungen wirksamer. Legen Sie zu Beginn Ihrer Ausführungen dar, warum Sie schreiben. Erwecken Sie das Interesse des Lesers, bleiben Sie sachlich und überzeugend. Schließen Sie mit einer positiven Zusammenfassung.

66 Bitten Sie einen Kollegen zu überprüfen, ob Ihr Brief klar ist.

67 Gehen Sie den Verkauf als gemeinsames Unternehmen mit dem Käufer an.

EINSATZ VON COMPUTERN

Der Computer hat sich zur wirksamen Verkaufshilfe entwickelt. So können Sie z. B. Namen und Anschriften potenzieller Kunden in einer Datenbank speichern und Dateien abrufen, während Sie mit ihm telefonieren. Mit der Information auf dem Bildschirm lassen sich Vereinbarungen gezielter treffen. Computer sind besonders nützlich für finanzielle Dienstleistungsangebote: Wenn die Daten eines Kunden eingegeben werden, erstellen viele Programme individuelle Angebote.

IDEEN UND KONZEPTE VERKAUFEN

Verkaufstechniken lassen sich für viele Managementaufgaben anwenden. Die Beherrschung des »Jargons« kann für den Erfolg entscheidend sein. Probieren Sie einen der folgenden Soft- und Hard-Selling-Sätze aus, wenn Sie das nächste Mal eine Idee verkaufen wollen.

Ich habe das aus etwas abgeleitet, was Sie neulich sagten.

Wir haben keine Zeit, diesen Vorschlag lange zu überlegen – eigentlich heißt es jetzt oder nie.

Das ist genau das, was wir brauchen. Wenn wir's nicht machen, wird's die Konkurrenz ganz gewiss machen.

Niemand kann das so gut wie wir.

ERFOLGREICH VERHANDELN

Jede Verhandlung erfordert hervorragende Kommunikationsfähigkeit. Sie müssen klare Vorschläge machen und genau verstehen, was die andere Seite anbietet. Diese Fähigkeiten sind für das Management entscheidend, deshalb sollten Sie sie ausbauen.

68 Stellen Sie Ihr Verhandlungsteam aus verschiedenen Personen zusammen.

VERHANDLUNGSSTADIEN

- Strategie und Taktik planen
- Vorschlag machen
- Position darlegen und Diskussion beginnen
- Mit der anderen Seite verhandeln
- Zusammenfassen und zur Vereinbarung kommen

GESPRÄCHSVORBEREITUNG

Je besser die Vorbereitung, desto größer die Erfolgsaussichten. Bestimmen Sie zunächst einmal Ihre Ziele, danach überlegen Sie, wer die Verhandlung führen soll. Eine Person oder ein Team? Falls es ein Team wird, wer arbeitet am besten zusammen? Sorgen Sie dafür, dass das Team sich sachkundig macht und die eigene Position sorgfältig ermittelt. Das hilft beim Festlegen der Agenda in Übereinstimmung mit der anderen Seite. Lassen Sie das Team vorher üben. Schließlich legen Sie Ihr Minimalziel fest, das zumindest erreicht werden muss.

BEHERRSCHEN DER TECHNIK

Verhandlungsexperten orientieren sich im Allgemeinen am Bedarf. Wenn Sie sich zu Beginn der Verhandlung »den Bedarf der anderen Seite« zu Eigen machen, haben Sie die besten Chancen. Das richtige Timing ist wesentlich. Während des Gesprächs müssen Sie beurteilen, was Ihr Gegenüber denkt. Nur so können Sie den richtigen Moment wahrnehmen, Ihr Angebot zu ändern, einen Vorschlag abzulehnen oder ein neues Element einzuführen. Versuchen Sie stets, die Gegenpartei aus einer ablehnenden Haltung zur Gemeinsamkeit zu bewegen. Fragen geben Ihnen die Gelegenheit, Informationen zu erhalten und dadurch Ihre Gedanken zu stimulieren.

KAUFVERHANDLUNGEN

Zweierlei ist für einen Kauf wichtig. Erstens: Legen Sie genau fest, was Sie brauchen. Denken Sie daran, dass der Verkäufer Sie überreden will, dass Ihr Bedarf und sein Angebot sich decken. Zweitens: Legen Sie fest, wie viel Sie bezahlen wollen. Setzen Sie sich ein Höchstlimit, das Sie nicht überschreiten. Bei Kaufverhandlungen befindet sich derjenige, der zuerst einen Preis nennt, im Nachteil. Also versuchen Sie den anderen zu bewegen, als erster ein finanzielles Angebot zu machen.

69 Denken Sie über Ihr Wunschergebnis nach – und wie Sie es erreichen.

ZUSAMMENARBEIT MIT LIEFERANTEN

Die traditionelle Art des Verhandelns mit Lieferanten ist die: mehrere verschiedene Angebote anfordern, die Preise vergleichen, hart verhandeln, hohe Rabatte fordern, das eigene Angebot leicht erhöhen und nach Preis entscheiden. Wenn der Lieferant versagt, verhandelt man erneut.

Ein besseres Verfahren ist es, erst den besten Lieferanten zu wählen und dann zu verhandeln, dass er die Preise senkt und beide profitieren. Bei diesem Vorgehen stehen Zuverlässigkeit und andere preisunabhängige Faktoren im Vordergrund.

70 Tauschen Sie Informationen mit Lieferanten aus – auf die Dauer kann sich das auszahlen.

MIT MITARBEITERN VERHANDELN

Einzelgespräche können bei individuellen Verhandlungen mit Mitarbeitern sinnvoll sein. Wenn Sie Übereinstimmung erzielen, denken Sie daran, dass es dem Gegenüber hilft, zu glauben, er habe etwas gewonnen, selbst wenn das nicht der Fall ist. Wenn Sie je mit professionellen Verhandlungspartnern über Löhne verhandeln (etwa mit Gewerkschaftern), bleiben Sie auch bei überhöhten Forderungen ruhig und konzentrieren Sie sich darauf, dass das Resultat innerhalb Ihres Limits liegt.

71 Es wird selten für etwas gestreikt, das nicht mit Geld zu tun hat.

BERICHTE ERSTELLEN

Berichte sind formelle Dokumente, die von anderen gelesen werden. Sie müssen inhaltlich richtig, klar strukturiert und gut formuliert sein und in anschaulicher Form präsentiert werden. Jeder Bericht sollte mit einer Schlussfolgerung enden.

72 Eliminieren Sie alle überflüssigen Wörter in Ihrem Bericht.

73 Ihr Bericht sollte genau auf die Empfänger zugeschnitten sein.

BERICHT RECHERCHIEREN

Wenn Sie über Ihre eigene Tätigkeit berichten, prüfen Sie jeden Punkt auf Richtigkeit. Wenn Sie einen Bericht über ein fremdes Thema schreiben sollen, listen Sie zunächst die Punkte auf, die Sie dafür wissen müssen. Dann notieren Sie die Quellen, die Sie befragen können, und schreiben sie daneben. Lassen Sie sich die Information, die Sie von einer Quelle bekommen, möglichst von einer anderen zuverlässigen Quelle bestätigen.

TUN UND LASSEN

✔ Gestalten Sie jeden Bericht interessant.

✔ Verwenden Sie wörtliche Zitate von Befragten.

✔ Betonen Sie Ihre wichtigsten Befunde und Fakten.

✔ Gliedern Sie in nummerierte Absätze, um Ihren Bericht übersichtlich zu machen.

✔ Verwenden Sie Überschriften bei Themenwechsel und Untertitel bei verwandten Themen.

✘ Schreiben Sie keine übermäßig langen Absätze.

✘ Verwenden Sie das Wort »ich« nicht zu oft und lassen Sie keine persönlichen Vorurteile durchschimmern.

✘ Verlieren Sie sich nicht in überflüssigen Details.

✘ Ziehen Sie keine Folgerungen aus nicht hinlänglich Bewiesenem.

✘ Drucken Sie Ihren Bericht nicht aus, ehe Sie Ihre Quellen geprüft haben.

BERICHT GLIEDERN

Schreiben Sie den Zweck eines Berichts auf und fassen Sie seine Hauptfolgerungen im ersten Absatz zusammen. Im Hauptteil des Berichts führen Sie Beweise für Ihre Feststellungen an, und zwar in logischer Folge in nummerierten Absätzen. Verwenden Sie Überschriften und Aufzählungszeichen. Das strukturiert und lenkt die Aufmerksamkeit auf das Wesentliche. Mit Unterstreichen und Fettdruck können Sie etwas hervorheben. Beenden Sie den Bericht, indem Sie Maßnahmen empfehlen.

FÜR KLARHEIT SORGEN

Berichte sind zwar keine literarischen Werke, aber zumindest sollten sie klar formuliert sein. Vermeiden Sie Doppeldeutigkeiten. Wenn Sie bei Ihren Folgerungen unsicher sind, zeigen Sie Alternativen auf und laden Sie die Leser ein, sich eigene Gedanken zu machen. Schreiben Sie kurze Sätze. Vor allem: Versetzen Sie sich in den Leser. Wird er Sie verstehen? Bitten Sie einen Freund oder Kollegen, Ihren Bericht zu lesen, ehe Sie ihn verteilen.

74 Nutzen Sie jede Gelegenheit, Ihren Bericht persönlich vorzutragen.

75 Vermeiden Sie ungestützte Behauptungen oder Folgerungen.

BERICHT PRÄSENTIEREN

Wenn Sie Ihren Bericht mündlich vortragen, fragen Sie sich, was wichtiger ist: Seriosität oder überraschende Wirkung. Wenn Sie in einer Konferenz eine These vorbringen, sollten Sie Ihren Bericht verteilen und eine Zusammenfassung geben, möglichst mit audiovisueller Unterstützung. Wenn Ihre Position eher neutral ist – etwa bei einer Projektstudie –, verteilen Sie den Bericht vorher. Dann sollten Sie in der Konferenz auf Fragen vorbereitet sein.

BERICHT KURZ FASSEN

Wenn Sie sich kurz fassen, wird Ihr Bericht an Klarheit gewinnen. Verwenden Sie nicht zwei Wörter, wenn eines ausreicht, oder drei, wenn zwei genug sind. Nehmen Sie sich Zeit für die Hauptfolgerung Ihres Berichts und setzen Sie kleinere Zusammenfassungen an den Beginn jedes Abschnitts. Beim Durchlesen des Berichts kürzen Sie so radikal wie möglich.

▲ VORTRAG MIT AV-TECHNIK
Ein Vortrag mit audiovisuellen Hilfsmitteln und guter Rhetorik verstärkt die Wirkung Ihres schriftlichen Berichts. Besonders eine klare visuelle Aufbereitung lässt den Bericht gut ankommen.

VORSCHLÄGE ENTWERFEN

Ein Vorschlag ist ein Verkaufsdokument, mit dem Sie den Leser überreden wollen, auf das einzugehen, was Sie ihm vorschlagen. Sie können z. B. Ihrer Firma vorschlagen, zusätzliche Investitionen in Computer oder Mitarbeiter zu machen.

76 Suchen Sie Verbündete, die Ihren Vorschlag unterstützen.

VORSCHLAG AUFBAUEN

Den Vorschlag formulieren

Notwendigkeit und Nutzen begründen

Nötige Mittel schätzen und Finanzierungsplan erstellen

Verantwortliche nennen und Zeitplan aufstellen

Mit Aktionsplan schließen

VORSCHLAG ÜBERPRÜFEN

Projekte, die erfolgreich sein sollen, müssen den Gesamtzielen des Unternehmens entsprechen. Bevor Sie einen Vorschlag verfassen, prüfen Sie, ob und wie er zum Gesamtschema der Organisation passt. In Ihre Überlegungen sollten Sie folgende Punkte einbeziehen:

• Passt der Vorschlag zur Firmenstrategie und gibt es Aktivitäten, die bereits laufen oder für die Zukunft geplant sind?

• Welche Aspekte (wie Finanzen, Personal und gesetzliche Forderungen) müssen berücksichtigt werden und welche Auswirkungen haben sie für das Unternehmen?

• Welche Ziele strebt das Unternehmen kurzfristig, mittelfristig und langfristig an?

• Sind alle notwendigen Informationen vorhanden, um den Vorschlag zu untermauern und an die Planung gehen zu können?

77 Fragen Sie sich ehrlich, warum Ihr Vorschlag abgelehnt oder angenommen werden kann.

DEN VORSCHLAG PLANEN

Gliedern Sie einen Vorschlag genauso wie einen Bericht. Machen Sie zu Beginn eine Zusammenfassung. Verwenden Sie Überschriften, wenn Sie Ihre Argumente entwickeln. Wiederholen Sie am Ende Ihre Hauptpunkte. Gehen Sie die Sache optimistisch an – Ihre Begeisterung kann helfen, die anderen zu überzeugen. Gibt es Risiken, so erklären Sie, dass Sie eventuelle Rückschläge schon in Betracht gezogen haben. Konzentrieren Sie sich auf die positiven Ziele.

78 Mit Soft-Selling-Techniken setzen Sie Ihren Vorschlag leichter durch.

WICHTIGE FRAGEN

F Wie viel kostet der Vorschlag und wer hat damit zu tun?

F Was sind die Vorteile (für Finanzen, Marketing, Qualität), wenn er angenommen wird?

F Wie wird der Vorschlag umgesetzt?

F Weshalb sollte er gerade jetzt gemacht werden?

F Warum glaube ich an den Erfolg dieses Vorschlags?

NACHFASSEN

Wenn Sie einen Vorschlag verteilen, sollten die Empfänger wissen, wann und auf welchem Weg Sie nachfassen werden oder ob Sie eine schriftliche Reaktion erwarten. Ganz gleich, ob Ihr Vorschlag intern oder extern gedacht ist, eine anschließende Konferenz zur Besprechung ist ideal. Machen Sie dabei nach Möglichkeit eine Präsentation mit audiovisuellen Hilfsmitteln, denn der visuelle Eindruck verbessert die Erfolgsaussichten Ihres Vorschlags. Beachten Sie aber: Auch wenn die Präsentation noch so gut ist, kann sie einen schwachen Vorschlag nicht verkaufen.

EINEN WIRKUNGSVOLLEN GESCHÄFTSPLAN SCHREIBEN

Wenn Sie Kapital brauchen, um ein Geschäft aufzubauen, möchten die Geldgeber einen Geschäftsplan sehen. Gliedern Sie dieses Dokument in einen klaren Vorschlag, eine Erörterung und eine Folgerung. Stützen Sie Ihren Vorschlag mit detaillierten Fakten und Zahlen über eine relevante Periode. Aus dem Geschäftsplan muss hervorgehen, dass Sie alle Faktoren durchdacht haben (einschließlich des besten und des schlechtesten Falls) und dass der Plan gute Gewinnaussichten verspricht.

PLÄNE GESTALTEN ▶

Ihr Geschäftsplan muss professionell aussehen. Titel und Inhaltsverzeichnis gehören dazu. Das Dokument sollte mit Deckblatt gebunden sein.

DER OPTISCHE EINDRUCK

Selbst der vielversprechendste Vorschlag oder Bericht kann durch sein Layout schwach wirken. Ein brillant gestaltetes Dokument macht einen besseren, vielleicht entscheidenden Eindruck. Wenn möglich, sollten sich Profis um das Layout kümmern.

79 Formulieren Sie gute Schlagzeilen und Titel – sie werden zuerst gelesen.

80 Verwenden Sie nach Möglichkeit Farbbilder, Grafiken und Charts.

AUF DIE FORM ACHTEN

Grundsätzlich sollte jedes Dokument die optimale äußere Form haben, aber natürlich sind die Anforderungen dafür ganz unterschiedlich. Verkaufsunterlagen müssen unbedingt zum Erscheinungsbild Ihrer Firma passen. Es ist selbstverständlich, dass werbliche Unterlagen hohe Qualität widerspiegeln und dass z. B. das Firmenlogo richtig verwendet wird. Interne Dokumente können dagegen freier sein. Um Ihren Dokumenten zu mehr optischer Wirkung zu verhelfen, kann es sich lohnen, einen professionellen Grafiker zu beauftragen.

GRAFIKER HERANZIEHEN

Wenn Sie einen professionellen Grafiker heranziehen wollen, sollten sie sich um jemanden bemühen, dessen Arbeit genau zu dem von Ihnen gewünschten Stil passt. Sehen Sie sich zuerst seine Entwurfsmappe an, denn aus seinen früheren Arbeiten erkennen Sie, wie er arbeitet. Erklären Sie ihm genau, was Sie erwarten, und bitten Sie um Vorentwürfe. Nennen Sie Termine für weitere Besprechungen. Scheuen Sie sich nicht, Vorarbeiten abzulehnen und ihn neu zu briefen, damit Sie schließlich das Richtige bekommen. Aber vergessen Sie nicht: Bei Ihrem Urteil kommt es nicht nur darauf an, ob Ihnen der Entwurf »gefällt«: Er muss dem geschäftlichen Zweck entsprechen.

81 Sehen Sie sich die Entwürfe frühzeitig an, damit Sie Missverständnisse abfangen können.

KLARES DESIGN

Zu den wichtigsten Entwurfsentscheidungen gehört die Wahl der Schrift. Moderne Software bietet eine unglaubliche Vielzahl von Schriften, aber die Hauptschrift muss klar und leicht lesbar sein. Wenn Ihr Budget die Verwendung von Farbe zulässt, nutzen Sie dies. Drucken Sie aber keine Texte auf Illustrationen, denn das beeinträchtigt die Lesbarkeit. Auch weiße Schrift auf schwarzem Untergrund ist schwer lesbar. Das Layout sollte einfach und zweckentsprechend sein.

NICHT VERGESSEN

- Zu viele verschiedene Schriften können leicht unruhig und irritierend wirken.
- Lesbarkeit ist wichtig – die Buchstaben sollten nicht zu klein sein.
- Ein gut entworfenes Dokument sieht nicht nur gut aus, sondern entspricht genau seinem Zweck.

Layout ist sehr unprofessionell.

Farbiges Papier eignet sich nicht.

Linksbündig ist leichter lesbar.

Zweck des Vorschlags hervorgehoben

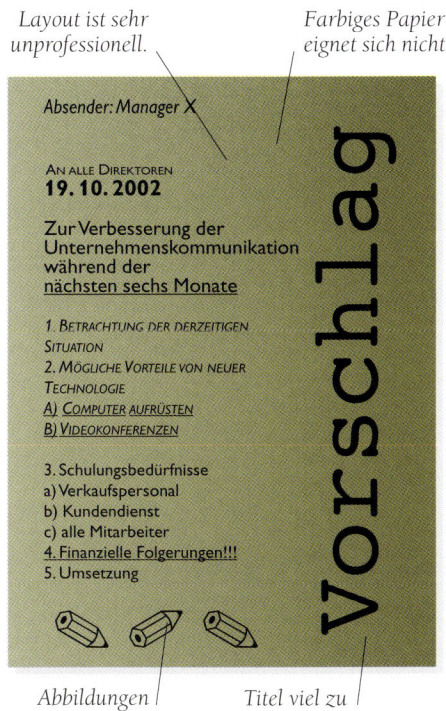

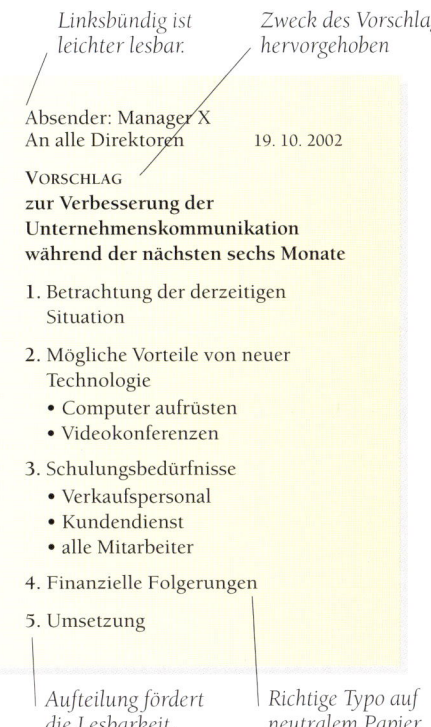

Abbildungen völlig sinnlos

Titel viel zu aufdringlich

Aufteilung fördert die Lesbarkeit.

Richtige Typo auf neutralem Papier.

▲ FALSCH

Dieses Dokument sieht aus mehreren Gründen schlampig aus: Zu viele Schriftarten sind widersprüchlich angewandt, Zwischenräume sind ungleichmäßig und die Abbildungen überflüssig.

▲ RICHTIG

Zahlen und Punkte sind fett gedruckt, Satz ist links ausgerichtet, und die gleichmäßige Ausrichtung der Themen verleiht der ersten Seite dieses Vorschlags ein professionelles Aussehen.

WIRKUNG NACH AUSSEN

Ein moderner Manager muss wissen, wie die unterschiedlichen Medien genutzt werden können, um die größt- und bestmögliche Öffentlichkeitswirkung zu erzielen.

CORPORATE IDENTITY

Corporate Identity (CI), das Gesamtbild des Unternehmens, prägt das Image einer Firma in der Öffentlichkeit und auch intern. Eine gute CI ist klar, leicht wiedererkennbar, grenzt gegen die Konkurrenz ab und hilft, die Marktposition zu festigen.

82 Fragen Sie Experten, bevor Sie ein neues Logo einführen.

83 Halten Sie Ziel- und Strategieaussagen kurz, aktiv und prägnant.

DAS IMAGE ERWÄGEN

Die Art der CI hat starken Einfluss darauf, wie Ihr Unternehmen wahrgenommen wird. Das richtige Image beeinflusst die Kunden zu Ihren Gunsten, aber ebenso kann ein falsches Image für Ihre Mitarbeiter und nach außen eine unerwünschte Botschaft transportieren. Im Idealfall macht die CI einen starken visuellen Eindruck (durch Farbverwendung oder ein prägnantes Logo), dann ist sie ein Schlüsselelement zur wirksamen Kommunikation. Bevor jemand mit dem Entwurf beginnt, sollten Sie sich genau überlegen, welches Image Sie intern und nach außen vermitteln wollen.

ERSCHEINUNGSBILD ÄNDERN

Jede Organisation hat ein Erscheinungsbild, aber viele überlassen es dem Zufall, wie sie wirken. Dadurch vernachlässigen Sie ein schlagkräftiges und effektives Werkzeug für Marketing und Personalwerbung. Für eine wirkungsvolle Corporate Identity müssen Sie zunächst wissen, welches Image Sie vermitteln wollen. Erst dann können Sie sich für ein zentrales Ziel und eine Strategie entscheiden (»Vision« und »Weg«).

---

84 Sehen Sie sich zur Anregung die Web-Sites großer Firmen an.

CORPORATE DESIGN

Nachdem Sie sich für eine Corporate Identity und ein Corporate Design entschieden haben, nutzen Sie jedes Produkt, von Memos bis zum Briefpapier, von der Inneneinrichtung bis zum Logo, um ein einheitliches Bild zu vermitteln und das Image des Unternehmens zu stärken. Sorgen Sie dafür, dass das Corporate Design überall einheitlich ist. Prüfen Sie, wie man Ihr Erscheinungsbild wahrnimmt. Eventuell müssen Sie noch Änderungen vornehmen, um die optimale Wahrnehmung zu erreichen.

▼ LOGOS AUF PRODUKTEN

Das charakteristische Logo von Coca-Cola und die Farben Rot und Weiß machen das Produkt unverwechselbar. Durch die starke Identität wurde Coca-Cola weltweit zum Marktführer.

Kunststoffflasche imitiert die Form der Glasflasche.

Traditionelle Glasflasche unterscheidet Coca-Cola von anderen Cola-Getränken.

Rote Dosen mit dem Logo

INTERNET-AUFTRITT

Das Internet ist eines der wichtigsten Medien, um Informationen über Ihr Unternehmen zu verbreiten, Ihre Produkte oder Dienstleistungen anzubieten. Jeder kann sich selbst eine Homepage entwerfen, trotzdem sollte man dabei folgende Punkte berücksichtigen:

- Profis entwerfen bessere Web-Sites. Eine gute Begrüßungsseite baut sich schnell auf und ist klar gegliedert. Wer zu lange warten muss, verlässt die Seite schnell wieder.
- Wenn Sie auf eine gut gebaute Web-Site stoßen, kopieren Sie ruhig einzelne Elemente und passen Sie sie an die Bedürfnisse Ihres Unternehmens an.
- Vorsicht vor zu vielen komplizierten Grafiken und Animationen. Sie verzögern den Aufbau der Seite oft unnötig.

PUBLIC RELATIONS

Jede Aktion eines größeren Unternehmens hat öffentliche Wirkung. Der Fachbegriff Public Relations (PR) beschreibt, wie Themen, Informationen und Mitteilungen zwischen einem Unternehmen und der Öffentlichkeit kommuniziert werden und wirken.

85 Überlassen Sie schwierige Mediensituationen Ihren PR-Mitarbeitern.

86 Bleiben Sie kritischen Journalisten gegenüber ruhig. Schädigen Sie Ihre PR nicht.

FIRMENPROFIL VERBESSERN

Aufgabe der PR-Abteilung ist es, einen guten Ruf aufzubauen und zu verbessern, eine Schädigung dieses Rufs zu verhindern oder zu mildern. PR-Profis arbeiten einen Plan aus, der mit der langfristigen Strategie des Unternehmens eng verknüpft ist. Sie verwenden vielerlei Techniken, um Anzeigenkampagnen durch redaktionelle Beiträge zu ergänzen und den öffentlichen Bekanntheitsgrad zu steigern. Die wirksamste Werbung ist die positive Mund-zu-Mund-Empfehlung: Diese kostenlose Reklame sollte zu den Hauptzielen der PR gehören.

ARBEITEN MIT PR

In kleinen Firmen kann PR Sache des Managements oder von Mitarbeitern sein, die nicht unbedingt viel Erfahrung im Umgang mit der Presse oder der Öffentlichkeit haben. Für größere Organisationen sind interne PR-Abteilungen unerlässlich, vor allem um Kontakte mit Medien und Interessenverbänden zu unterhalten und deren Fragen zu beantworten. Wenn Sie eine PR-Abteilung haben oder eine PR-Firma beauftragen, sorgen Sie dafür, dass sie über alles genau informiert wird, was voraussichtlich öffentliches Interesse erweckt.

87 Werden schlechte Nachrichten bekannt, sind PR-Profis gefragt.

▼ BERATER EINFÜHREN

Wenn Sie ein PR-Unternehmen beauftragen, stellen Sie die PR-Berater den wichtigen Mitarbeitern Ihres Unternehmens vor. Sorgen Sie dafür, dass die Berater wissen, mit wem sie sich in Verbindung setzen können.

PR-BERATER

Im Allgemeinen lohnt es sich, PR-Berater einzuschalten, wenn Sie der Öffentlichkeit wesentliche Änderungen vermitteln müssen. Selbst große Gesellschaften mit guten internen PR-Abteilungen ziehen gelegentlich externe PR-Berater hinzu.

Das kann ein multinationales Großunternehmen oder eine Einpersonenfirma sein. Wer immer Sie berät, er sollte auf allen Gebieten sachkundig sein, vom Krisenmanagement bis zum Arrangieren von Konferenzen, von der Produkteinführung bis zur Vorstellung eines neuen Managers. Meist haben PR-Berater zahlreiche Kontakte. Sie sollten allerdings nicht nur originelle Ideen haben, sondern diese auch wirksam durchführen können. Holen Sie Referenzen von anderen Klienten ein.

PR WIRKSAM NUTZEN

Beim Einsatz von PR sollte man vor allem daran denken, dass die Quantität der Verbreitung weniger wichtig ist als deren Qualität. PR ist kostengünstiger als Werbung, aber sie kann nur das leisten, wofür Sie bezahlen. Reservieren Sie also ein angemessenes Budget. Denken Sie auch daran, dass Publizität eine zweischneidige, unvorhersehbare Sache ist. PR-Leiter sind nicht automatisch die Schuldigen, wenn die Medien eine feindliche Haltung einnehmen. PR-Leute können auch ein Informationsdefizit nicht kompensieren. Damit jemand eine PR-Strategie entwickeln kann, braucht er klare Angaben, was Sache ist und was man von ihm erwartet. Stimmen Sie einen Aktionsplan ab.

NICHT VERGESSEN

- PR-Abteilungen und Berater müssen über die öffentlichen Aktionen des Unternehmens auf dem Laufenden gehalten werden.
- Mitarbeiter müssen geschult werden, wenn sie den Medien Fragen beantworten sollen.
- PR-Berater müssen genau informiert werden, so dass sie wissen, was von ihnen erwartet wird.
- PR kann eine wertvolle Ergänzung zur Werbung sein.
- PR kann das Image eines Unternehmens verbessern und gleichzeitig den Bekanntheitsgrad steigern.

PRESSEARBEIT

Presseartikel, die Ihr Unternehmen oder Ihre
Produkte erwähnen, erscheinen im Allgemeinen
glaubwürdiger als direkte Werbung. Nutzen Sie
jede Gelegenheiten, um im redaktionellen Teil
einen Artikel zu bekommen, sei es auf regionaler
oder überregionaler Ebene. Zeitungsredaktionen
hungern im allgemeinen nach Themen, also scheu-
en Sie sich nicht, ihnen etwas anzubieten. Prüfen
Sie aber genau, was die Zeitung oder Zeitschrift
wünscht, und engagieren Sie – falls nötig – professionelle Hilfe. Unabdingbar ist, dass Ihre Presse-
mitteilungen klar und flüssig formuliert sind.

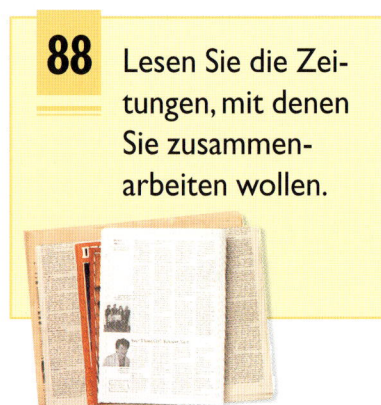

88 Lesen Sie die Zei-
tungen, mit denen
Sie zusammen-
arbeiten wollen.

NICHT VERGESSEN

- Presseberichte sollten für das
  jeweilige Blatt maßgeschneidert
  sein.
- Es nützt ihrem Unternehmen,
  wenn Sie sich Zeit für die Presse
  nehmen.
- Bei der Wahrheit zu bleiben ist
  immer der sicherste Weg.
- Je aufgeschlossener Sie für die
  Medien sind, desto mehr Raum
  bekommen Sie.

DAS RUNDFUNK-INTERVIEW

Die vielen Radiosender auf regionaler und überregionaler Ebene können Ihrer Öffentlichkeits-
arbeit nützlich sein. Rundfunk bietet Unternehmen einen direkten Weg, große Zielgruppen zu
erreichen. Bevor Sie an einer Sendung teilnehmen,
prüfen Sie, wie viele Hörer das Programm erreicht.
Sie haben nichts davon, wenn Sie nur zu ein paar
Nachteulen sprechen. Reden Sie mit den Modera-
toren auf gleicher Ebene. Versuchen Sie, das
Interview im Griff zu behalten, so dass Sie Ihre
Botschaft vermitteln können.

DER FERNSEH-AUFTRITT

Das Fernsehen ist ein einflussreiches Medium,
deshalb nehmen Sie TV-Einladungen an, sofern Sie
vor der Kamera sicher auftreten können. Lernen
Sie vorher, wie man sich bei einem Interview ver-
hält. Der Trick besteht darin, natürlich zu wirken
und Fragen so zu beantworten, als gäbe es keine
Kamera. Die Teilnahme an Videokonferenzen
verschafft wertvolle Praxis für den Auftritt vor der
Kamera. Dabei kann man vor allem üben, mit
unerwarteten Fragen konfrontiert zu werden.

89 Behandeln Sie
Kameras und
Mikrofone, als
wären sie Freunde.

GESPRÄCH MIT JOURNALISTEN

Es lohnt sich immer, zur Presse und zu Funk- und Fernsehjournalisten gute Beziehungen zu pflegen. Vergessen Sie aber nicht, dass Journalisten nicht an Ihren Wünschen interessiert sind. Sie suchen nur eine gute Story – möglichst eine, mit der sie ihre Kollegen übertreffen. Bleiben Sie fair: Exklusivinterviews zugunsten eines Journalisten verärgern die anderen. Wenn jemand Sie um einen Kommentar bittet und Sie sich nicht sicher sind, was Sie sagen sollen, fragen Sie, ob Sie zurückrufen können, um ein Statement abzugeben.

90 Wenn Sie ein gutes Verhältnis zur Presse haben, nutzen Sie es auch.

▼ **DIE RICHTIGE BOTSCHAFT VERMITTELN**
Wenn Sie mit Journalisten sprechen, sollten Sie nachdenken, bevor Sie etwas sagen. Antworten Sie direkt und selbstsicher.

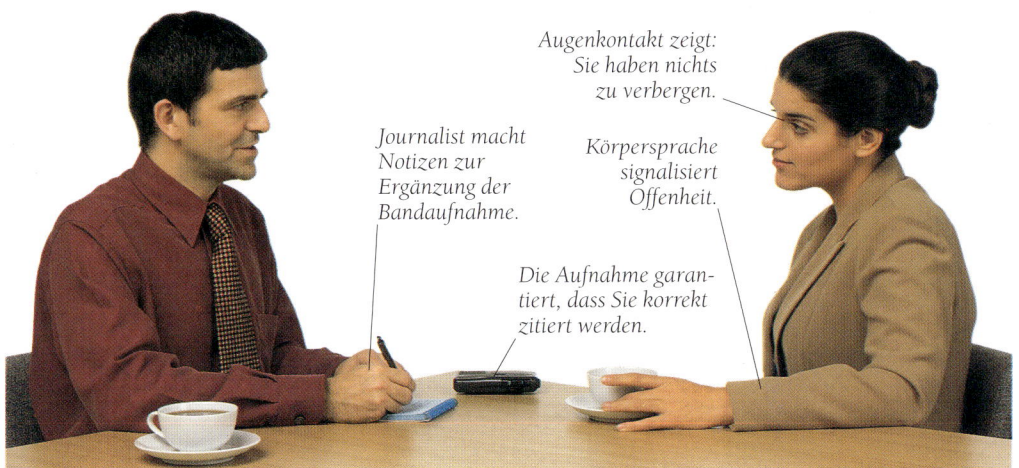

Augenkontakt zeigt: Sie haben nichts zu verbergen.

Journalist macht Notizen zur Ergänzung der Bandaufnahme.

Körpersprache signalisiert Offenheit.

Die Aufnahme garantiert, dass Sie korrekt zitiert werden.

STATISTIKEN VERWENDEN

Leser, Fernsehzuschauer und Radiohörer sind oft von Statistiken beeindruckt, selbst wenn sie deren Bedeutung nicht überprüfen können. Je mehr statistische Daten Sie in Ihre Ausführungen einflechten können, desto glaubwürdiger erscheinen Sie dem Publikum. Eine Eigenschaft jeder Statistik ist es, dass dieselben Daten in günstigem oder ungünstigem Licht präsentiert werden können, je nachdem, wie Sie die Zahlen interpretieren. Wenn die Statistik z. B. ein Wachstum von 258 Prozent ausweist, muss das keineswegs günstig sein. Wenn Sie in der vorhergegangenen Periode kaum Gewinn erzielt haben, kann die Geschäftslage trotzdem noch immer schlecht sein.

ERFOLGREICH WERBEN

Kreative Ideen und Entwürfe guter Werbung (unabhängig vom Medium) müssen stets mit einem klaren, messbaren Ziel verbunden sein. Sorgen Sie dafür, dass Ihre Werbung potenzielle Kunden veranlasst, Ihr Produkt oder die Dienstleistung zu kaufen.

91 Ihr Produkt muss halten, was es verspricht, sonst ist Werbung wertlos.

92 Werbung muss größtmöglichen Eindruck machen.

93 Seien Sie kreativ – auch mit kleinen Budgets kann man Erfolg haben.

ANZEIGEN PLANEN

Ob Sie nun eine kostspielige, langfristige Kampagne starten oder eine einzige Anzeige unter den Stellenangeboten einer Zeitung schalten, planen Sie Ihre Anzeigen sorgfältig. Jede Anzeige sagt der Öffentlichkeit etwas über Ihr Unternehmen. Inhalt und verfügbares Budget haben Einfluss darauf, welche Medien Sie wählen. Sie haben die Wahl zwischen Fernsehen, Funk, Print, Großflächen (Plakatsäulen und Citylights), Internet oder Direct Mailing. Wenn Sie sich für mehrere entscheiden, sollten die Botschaften in den einzelnen Medien einander stützen. Für eine große Kampagne schalten Sie lieber eine gute Werbeagentur ein.

ZIELGRUPPE ▶ ANSPRECHEN

In dieser Fallstudie war die Kampagne erfolgreich, weil die Agentur ihre Zielgruppe genau kannte. Sie wusste, dass nicht die Quantität der Werbung die Zielgruppe am stärksten beeinflussen würde, sondern die Qualität der Publikation, in der die Werbung zu finden war.

FALLBEISPIEL

Ein Schuhhersteller wollte eine neue, besondere und modische Stiefelmarke herausbringen. Das Unternehmen beauftragte eine Werbeagentur, deren Marktforschung auswies, dass der Markt für solche Stiefel beschränkt war. Die Agentur meinte, dass die Marke keine kostspielige Werbekampagne tragen würde, die auf alle möglichen Käufer abzielte. Stattdessen konzentrierte sie ihre Bemühungen auf eine kleinere Gruppe derer, die man als

»Trendsetter« bezeichnen könnte. Diese Gruppe würde das Produkt für andere Käufer attraktiv machen. Die Agentur schaltete Anzeigen in einer Trendsetter-Zeitschrift, obwohl die Zeitschrift nur von wenigen potenziellen Käufern gelesen wurde.

Die Strategie funktionierte: Die Trendsetter kauften die Stiefel, und ihnen folgten Tausende Käufer, obwohl sie die Werbung nie gesehen hatten. Der Umsatz stieg um mehr als das Fünffache.

BEKANNTHEITSGRAD MESSEN

94 Lassen Sie Ihre Werbeaktionen durch Verbraucherbefragung testen.

Marktforschung ist ausschlaggebend, denn so erhalten Sie einen Maßstab, ob die Werbung wirkt. Nötigenfalls beauftragen Sie Marktforschungsspezialisten, um brauchbares Feedback zu bekommen. Eine Erhebung kann z. B. den Bekanntheitsgrad eines Produkts vor, während und nach der Werbekampagne ermitteln. Passen Sie die Werbung an, um neue Zielgruppen zu erreichen.

INTERNET NUTZEN

Immer mehr Organisationen werben erfolgreich im Internet. Ein großer Computerlieferant erzielt zehn Prozent seines Umsatzes in seinem »Rund-um-die-Uhr/Sieben-Tage-die-Woche-Web-Store«. Es gibt mehrere Gründe, warum Internet-Angebote und E-Commerce so erfolgreich sind:
- Sie können für Produkte werben und sie gleichzeitig verkaufen.
- Bewegte Bilder steigern die Wirkung.
- Die Kosten sind relativ gering.
- Das Internet ist das Medium der Zukunft für Waren und Dienstleistungen, sowohl für Anbieter als auch für Verbraucher.

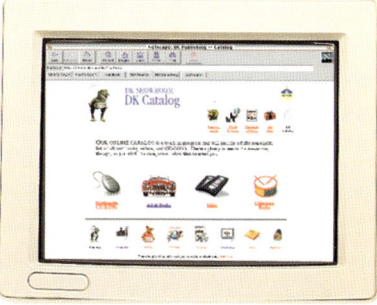

▲ **GEWERBLICHE WEB-SITE**
Nutzen Sie Ihre Homepage zur Information, für Werbung oder zum Verkauf. Sie sollten möglichst viele Links auf anderen Seiten haben, die auf Ihre Seite verweisen.

DIRECT MAILING

Der Vorteil einer Direct-Mailing-Kampagne – bei der Sie Ihre Produkte oder Dienstleistungen ausgewählten Kunden direkt per Anschreiben anbieten – liegt darin, dass Ihr Angebot unmittelbar und ausschließlich die Zielgruppe erreicht. So können Sie Reaktion und Kostenwirksamkeit Ihres Direct Mailing auch genau messen. Um ein optimales Ergebnis zu erzielen, brauchen Sie die richtige Adressenliste, die von Ihren Mitarbeitern erstellt oder von einem Adressenvertrieb gekauft werden kann. Machen Sie das passende Angebot, dann sollte ein ansprechendes Direct Mailing auch erfolgreich sein. Ist Ihre Zielgruppe sehr klein, können Sie Ihre Mailings eventuell auch ohne Spezialabteilung oder Fachleute abwickeln.

INTERNE KOMMUNIKATION

Die Techniken externer Kommunikation lassen sich auch intern durchaus wirksam anwenden, wenngleich in geringerem Umfang und wesentlich kostengünstiger. Ihr Wissen gewährleistet, dass jede Mitteilung Ihre Mitarbeiter wirkungsvoll erreicht.

95 Nehmen Sie an Betriebsveranstaltungen teil, um Feedback zu bekommen.

MITARBEITER GEWINNEN

Mitarbeiter sind Leute, die vom Management abhängig sind, um ihren Lebensunterhalt zu verdienen. Im Grunde sind sie die wichtigsten »Kunden« des Unternehmens. Jede Abteilung ist »Kunde« einer anderen; alle sind voneinander abhängig, um ihre Arbeitsleistungen effektiv zu erbringen. Zwischen den Abteilungen sollte die Kommunikation möglichst optimal sein.

Gute Führungskräfte nehmen jede Gelegenheit wahr, um zu zeigen, dass Mitarbeiter das wertvollste Kapital eines Unternehmens sind. Diese Botschaft kann nicht klar genug vermittelt werden. Überlegen Sie, welche Angebote Ihre Mitarbeiter motivieren können: Weiterbildung, Gemeinschaftsprojekte oder sportliche Aktivitäten.

96 Setzen Sie moderne Medientechniken auch intern ein.

MARKETING VON INNEN

Innerbetriebliches Marketing kann sich als ebenso effizient erweisen wie externes Marketing. Erregen Sie die Aufmerksamkeit Ihrer Mitarbeiter, informieren und integrieren Sie sie, geben Sie ihnen die Möglichkeit, sich Ihnen anzuvertrauen, und ermutigen Sie jeden zur Aktivität. Verschiedene Möglichkeiten – vom Wettbewerb bis zur Befragung – können genutzt werden, die Botschaft des Managements direkt und überzeugend zu übermitteln. Seien Sie niemals herablassend und immer ehrlich.

97 Platzieren Sie überall Logos, um das Zugehörigkeitsgefühl zu fördern.

VERSCHIEDENE MEDIEN INTERN NUTZEN

ART DES MEDIUMS	VORTEILE UND NACHTEILE
HANDZETTEL Einschließlich Fragebogen, Notizen und Memos.	• Zweckmäßig für Themen, die die Mitarbeiter betreffen, z. B. Ergebnisse von Meinungsbefragungen. • Selbst wenn sie so kurz wie möglich gehalten sind, sorgen Handzettel für einen unvermeidlichen Papierstapel und wandern oft ungelesen in den Papierkorb.
KONFERENZEN UND BETRIEBSVERANSTALTUNGEN Einschließlich Teambesprechungen, Verkaufskonferenzen und Produktpräsentationen.	• Ideale Gelegenheiten zum Motivieren . • Veranstaltungen erfordern sorgfältige Planung, Vor- und Nachbereitung. Größere Veranstaltungen bedingen oft auch professionelle Unterstützung und geeignete Räumlichkeiten.
PUBLIKATIONEN Einschließlich Abteilungszeitschriften und Intranet-Mitteilungen.	• Sorgen Sie dafür, dass Publikationen an die Vorlieben, Abneigungen und Interessen der Angestellten angepasst sind. Um sicherzustellen, dass sich die Mühe lohnt, holen Sie Feedback ein, indem Sie z. B. zu Leserbriefen anregen. • Viele Nachrichten überfordern einfache Leserschichten.
ELEKTRONIK Einschließlich Web-Sites, Intranet und sonstige Netzwerke.	• Der größte Vorteil besteht darin, dass Sie stets topaktuell sein können. Antworten auf Fragen sind sofort möglich, Informationen können weltweit versandt werden. • Größter Nachteil ist der potenzielle Missbrauch, einschließlich extensiver privater Nutzung.
TELEVISUELL Einschließlich Videos, Business-TV und Multimedia.	• Ein schnell wachsendes modernes Verfahren, das die interaktiven Elemente optimal ausnutzt. • Diese Kommunikationsmethoden können kostspielig sein, weil sie professionellen Input und Training voraussetzen.

DAS TEAM HERVORHEBEN

Eine gute Führungskraft sollte die Leistung des Teams bei Kollegen und Vorgesetzten ins rechte Licht setzen. Dazu müssen Sie die Arbeit Ihrer Mitarbeiter auch intern anerkennen, dafür sorgen, dass Vorgesetzte bei Feiern oder Strategiebesprechungen anwesend sind, dass positive Meldungen über die Abteilung in die Firmenzeitung kommen und die Leistung auch extern hervorgehoben wird.

98 Stellen Sie fest, welche Kollegen am besten kommunizieren.

WIE IHRE BOTSCHAFT ANKOMMT

Wenn Sie kommunizieren, müssen Sie prüfen, wie Ihre Botschaft aufgenommen wird. Manager können dies oft nicht richtig beurteilen. Denken Sie daran: Es gibt nur ein Kriterium für die Wahrnehmung Ihrer Botschaft: den Empfänger.

> **99** Sprechen Sie offen mit Mitarbeitern, wenn Sie ehrliche Antworten wollen.

WAHRNEHMUNG EVALUIEREN

Die Feuerprobe, ob die interne oder externe Kommunikation erfolgreich ist, besteht in der Wahrnehmung durch die Empfänger. Falls Ihre Botschaft nicht ankam, denken Sie daran: Der Sender ist für den Empfang der Botschaft verantwortlich. Eine offene Analyse der Gründe des Scheiterns ist Basis für erfolgreiche künftige Kommunikation.

NÜTZLICHES ▼ FEEDBACK BEKOMMEN

Die Basis wirksamer Kommunikation ist Feedback und die Reaktion darauf. Geben Sie Feedback, fordern Sie es ein und reagieren Sie immer prompt auf Feedback.

AUF DIE MITARBEITER HÖREN

Das wichtigste Feedback erfolgt in informellen Einzelgesprächen zwischen Manager und Mitarbeiter. Aber man kann auch anders Feedback darüber erhalten, wie das Management wahrgenommen wird: Meinungsbefragungen liefern nützliche Information, auch wenn sie recht kostspielig sein können. Weitere Verfahren sind Repräsentativbefragungen oder ein Vorschlags- und Kritikbriefkasten. Versuchen Sie Ihre Mitarbeiter zweimal jährlich zu befragen, wie sie das Management bewerten. Gezielte Umfragen bringen Probleme ans Tageslicht und geben Hinweise auf das Betriebsklima. Bei Feedback kommt es vor allem darauf an, wie Sie auf das Gehörte reagieren.

FRAGEN AN MITARBEITER

F   Wie bekommen Sie wesentliche Information über das Unternehmen?

F   Kommuniziert Ihr Vorgesetzter mit Ihnen – ständig, oft, manchmal, kaum oder nie?

F   Was wissen Sie über die Unternehmensstrategie?

F   Was möchten Sie gern darüber wissen?

F   Welche Art der Kommunikation ist für Sie die wirksamste?

WAHRNEHMUNG VON AUSSEN

Wenn Probleme durch interne Fragebögen, Einzelgespräche oder Besprechungen offenbart werden, besteht die Möglichkeit, dass auch die externe Wahrnehmung des Unternehmens verbessert werden muss. Holen Sie Information durch Gespräche mit Lieferanten, Klienten und Kunden ein oder durch Zielgruppenbefragung. Prüfen Sie die allgemeine Reaktion auf die jüngste Werbe- oder PR-Kampagne. Wenn das Feedback auf Unzufriedenheit hinweist, müssen Sie schnell Lösungen finden.

100 Wenn mehr als zwei dasselbe Problem haben, kann es verbreitet sein.

KOMMUNIKATION VERBESSERN

Zur Verbesserung der internen Kommunikation ziehen Sie alle Manager heran und betonen deren Verantwortlichkeit für eine klare, kontinuierliche Kommunikation. Entscheiden Sie, ob auch andere Mitarbeiter ihre Kommunikationsfähigkeiten verbessern müssen. Zur externen Kommunikation vereinbaren Sie mit relevanten Leuten einen Aktionsplan. Sie müssen die Probleme bei der Wurzel angehen, sonst werden sich Fehler wiederholen.

101 Bekommen Sie nur positives Feedback, sollten Sie misstrauisch sein.

TESTEN SIE IHRE KOMMUNIKATION

Wenn Sie wissen wollen, wie gut Sie kommunizieren, kommentieren Sie folgende Statements.
Kreuzen Sie die Optionen, die Ihrer Erfahrung am
nächsten kommen, so ehrlich wie möglich an. Ist Ihre
Antwort »Nie«, wählen Sie die 1, für »Immer« die 4.
Zählen Sie die Punkte zusammen, und sehen Sie in
der Auswertung nach, wie gut Sie abgeschnitten
haben. Sicher können Bereiche verbessert werden.

OPTIONEN
1 Nie
2 Gelegentlich
3 Oft
4 Immer

1 Ich übermittle die richtige Botschaft zur richtigen Zeit
der richtigen Person.

| 1 | 2 | 3 | 4 |

2 Ich denke über eine Botschaft nach, ehe ich entschei-
de, wie ich sie übermittle.

| 1 | 2 | 3 | 4 |

3 Ich strahle Selbstvertrauen aus und spreche
selbstsicher.

| 1 | 2 | 3 | 4 |

4 Ich begrüße Feedback
auf meine Mitteilungen.

| 1 | 2 | 3 | 4 |

5 Ich höre aufmerksam zu
und prüfe, ob ich verstanden
habe, bevor ich antworte.

| 1 | 2 | 3 | 4 |

6 Ich versuche, persönliche
Vorurteile auszuschließen,
wenn ich andere beurteile.

| 1 | 2 | 3 | 4 |

7 Ich bin im Gespräch mit anderen konstruktiv und höflich.

1 2 3 4

8 Ich nehme mir die Zeit, anderen die Information zu geben, die sie brauchen.

1 2 3 4

9 Ich nutze Einzelgespräche zur Leistungsprüfung und Betreuung.

1 2 3 4

10 Ich befrage Leute, um zu erfahren, was sie denken und wie sie vorankommen.

1 2 3 4

11 Ich verfasse Briefings, die alle relevante Information über eine Aufgabe enthalten.

1 2 3 4

12 Ich nutze professionelle Telefontechniken, um die Kommunikation zu verbessern.

1 2 3 4

13 Ich kommuniziere über alle verfügbaren elektronischen Medien.

1 2 3 4

14 Mein Schreibstil bei externer und interner Kommunikation ist flüssig.

1 2 3 4

15 Ich kann effektiv Notizen bei Treffen und Gesprächen machen.

1 2 3 4

16 Ich gebe wichtige Texte vor der Veröffentlichung einer zuverlässigen Testperson.

1 2 3 4

17 Ich wende Schnelllese-techniken an, um mein Tempo zu beschleunigen.

1 2 3 4

18 Ich bereite Reden sorg-fältig vor, probe sie und kann sie gut vortragen.

1 2 3 4

19 Ich bin bei internen Schulungen aktiv dabei.

1 2 3 4

20 Ich plane wichtige Veranstaltungen nach professionellen Standards.

1 2 3 4

21 Ich wende bei Verhand-lungen die Regeln des Soft- und Hard-Selling bewusst an.

1 2 3 4

22 Ich bereite mich auf Ver-handlungen vor und kenne die Bedürfnisse der anderen.

1 2 3 4

23 Ich verfasse meine Berichte präzise, kurz, klar und gut gegliedert.

1 2 3 4

24 Ich recherchiere gründ-lich, bevor ich einen schrift-lichen Vorschlag mache.

1 2 3 4

25 Ich versuche zu verstehen, wie andere das Unternehmen wahrnehmen.

1 2 3 4

26 Ich überlege, wie Berater unsere Public Relations unterstützen können.

1 2 3 4

27 Ich suche nützliche Kontakte zu Journalisten und Medienleuten.

1   2   3   4

28 Ich sorge dafür, dass Expertenarbeit von Fachleuten gemacht wird.

1   2   3   4

29 Meine Briefings an Werbeagenturen basieren auf klaren Unternehmenszielen.

1   2   3   4

30 Ich räume der regelmäßigen Kommunikation mit Mitarbeitern Priorität ein.

1   2   3   4

31 Ich erhalte Feedback von Mitarbeitern und reagiere positiv darauf.

1   2   3   4

32 Ich habe eine Kommunikationsstrategie und messe Aktivitäten an diesem Plan.

1   2   3   4

AUSWERTUNG

Nachdem Sie alles so ehrlich wie möglich beantwortet haben, addieren Sie Ihre Punkte und vergleichen die Summe mit der nachfolgenden Bewertung. Egal, welches Ergebnis Sie dabei erzielen, denken Sie stets daran, dass es immer noch Möglichkeiten zur Verbesserung gibt. Stellen Sie Ihre schwächsten Bereiche fest und lesen Sie die entsprechenden Abschnitte dieses Buches noch einmal, um praktische Hinweise zur Ergänzung Ihrer Kommunikationsfähigkeit zu finden.

32–64 Sie kommunizieren eher schlecht. Beachten Sie Feedback, und versuchen Sie, aus Ihren Fehlern zu lernen.
65–95 Sie kommunizieren ungleichmäßig. Suchen Sie nach Schwachstellen, um diese zu verbessern.
96–128 Sie kommunizieren hervorragend. Doch auch Sie können noch besser werden.

REGISTER

A

Abschied, herzlicher 25
Abstand 11
analysierendes Zuhören 14
Anschauungsmaterial 9
Anzeigen 60
Aufmerksamkeit 13
AV-Technik 49

B

Barrieren 7
Begrüßung 24
Bekanntheitsgrad 61
Bericht 48
Besprechungsende 25
Betonen 13
Betriebsveranstaltung 63
Bildschirm-
    kommunikation 39
Brief schreiben 32
Briefing 34

C

Corporate Design 55
Corporate Identity 54

D

Design, klares 53

Dialoginterpretation 15
Direct Mailing 61

E

Eindruck
    erster 11
    optischer 52
einfühlendes Zuhören 14
Einzelgespräch 36
E-Mail 30
Eröffnung 38
Erscheinungsbild 55

F

Faktensuche 19
Feedback 19, 27
Fernseh-Auftritt 58
Firmenprofil 56
formelle Besprechung 36
Fragen 18

G

Gebärden 9, 12
Gedächtnistraining 21
Geschäftsplan 51
geschlossene Frage 19
Gesprächsbarrieren 7
gesprochenes Wort 9
Grafiker 52

H

Handzettel 63
Hard-Selling 44

IJ

Image 54
Informationen
    Austausch 25
    Suche 26
    Weitergabe 26
Informations-
    technologie 30
Internet 31
    Auftritt 55
    Werbung 61
Intranet 63
Journalisten 59

K

Kaufverhandlung 47
Klartext 32
Kommunikation
    beschleunigen 31
    Erfolgskontrolle 64
    Grundlagen 6
    interne 62
    Methode 9
    organisatorische 9

Kommunikation (Forts.)
 positive 7
Konferenz 63
 Leitung 38
Konflikt
 Vermeidung 27
 Wahrnehmung 13
Kontaktaufbau 24
Körpersignale 13
Körpersprache 10

L

Lampenfieber 11
Layout 52
Lesen
 effizientes 20
 schnelles 20
Lieferanten 47
Logo 55

M

Marketing, inneres 62
Mind Map 23
Missverständnis 26
Mitarbeiter
 Betreuung 37
 Gewinnen von 62
 Verhandlung mit 47
Mitschreiben 22
Multimedia 9

N

Nachfassen 19, 51

neurolinguistisches
 Programmieren 15
Notizen 22

O

offene Frage 19
optische Hilfsmittel 41

P

PR-Berater 57
Pressearbeit 58
Public Relations 56
Publikation 63
Publikumskontakt 40

R

Räumlichkeiten 43
Rundfunk-Interview 58

S

Schnellschrift 22
Schreiben,
 zielorientiertes 32
Schriftform 9
schriftlicher Verkauf
Schulung 42
Seminar 42
Sicherheitswunsch 13
Soft-Selling 44
Statistiken 59

T

Tagung 43

Telefax 30
Telefonieren 28
 Nachrichten
 hinterlassen 29
Telesales 29
Tonfall 19

U

Überfliegen eines
 Textes 20
Unsicherheit 13

V

verbindendes Zuhören 14
Verhandlung 46
Verkaufskommunikation 44
Videokonferenz 39
visuelles Material 9
Vorschlagsentwurf 50
Vortrag 40
Vorurteil 16

W

Web-Site, gewerbliche 61
Werbung 60

Z

Zuhören
 aktives 14
 lernen 14
 positives 13

DANK

DANK DES AUTORS

Dieses Buch entstand dank der Anregung von Stephanie Jackson und Nigel Duffield
von Dorling Kindersley. Vieles verdanke ich dem Wissen und der Begeisterung von
Jane Simmonds und allen, die in der Redaktion und Grafik an diesem Projekt mitgearbeitet haben.
Außerdem bin ich vielen Kollegen, Freunden und anderen Management-Experten
zu großem Dank verpflichtet.

BILDNACHWEIS

Der Verlag dankt folgenden Organisationen und Personen
für die Genehmigung zum Abdruck ihrer Fotos:

m = Mitte, o = oben, u = unten, r = rechts, l = links

PowerStock Photo Library: 49ur
Robert Harding Picture Library: R.W. Jones 4–5
Telegraph Colour Library: M. Malyszko 37ul, Terry McCormick 38ur
Tony Stone Images: Bruce Ayres 39ul, Sylvain Coffie 31or,
David Hanover 57ol, Tony Latham 24ur, Michael Rosenfeld 15mr.

»Coca-Cola«, »Coke« und Dynamic Ribbon sind
eingetragene Warenzeichen der Coca-Cola Company.
Der Abdruck des Bildes auf Seite 55ul
erfolgt mit freundlicher Genehmigung der Coca-Cola Company.

Der Abdruck der Mind Map auf Seite 23
erfolgt mit freundlicher Genehmigung von Tony Buzan.
Weitere Information unter
Buzan Centres Ltd, 54 Parkstone Road, Poole, Dorset BH15 2PX, Großbritannien.
Tel.: +44 (0)/12 02/67 46 76; Fax: +44 (0)/12 02/67 47 76;
E-Mail: 101737.1141@compuserve.com

BIOGRAFIE DES AUTORS

Robert Heller ist einer der führenden Fachautoren in den Bereichen Management und
Consulting. Als Leiter der Haymarket Publishing Group war er verantwortlich
für den Start mehrerer erfolgreicher Zeitschriften, die heute teilweise zu den wichtigsten
britischen Management-Magazinen gehören. Neben seiner Autorentätigkeit ist
Robert Heller auch als Vortragsredner bei Konferenzen in Europa, Amerika und Asien
tätig. Seine Bücher, die in mehrere Sprachen übersetzt wurden, sind
internationale Bestseller. In der Reihe *Basiswissen Fit im Job* liegen von ihm bei
Dorling Kindersley folgende Titel vor: *Erfolgreich delegieren, Erfolgreich entscheiden,*
Erfolgreich verkaufen und *Teams leiten.*